Du musst das Ziel begreifen.

Du musst Dich ständig fragen:

„Wenn ich das Ziel bin, wo bin ich dann?

Wie möchte ich gerne getroffen werden, damit ich dem Bogenschützen die Ehre zuteil werden lasse,

die er verdient?"

(Paul Coelho, der Weg des Bogens)

Erlebnispädagogisches und traditionelles Bogenschießen im Schulbereich

Erlebnispädagogisches und traditionelles Bogenschießen im Schulbereich

Für Selma und Eleni

Impressum

© 2024 Bogen-Abenteuer, Boris Ludz, 01139 Dresden,
www.bogen-abenteuer.de

Herstellung und Verlag: BoD – Books on Demand, Norderstedt
ISBN: 9783759761569

Autor, Herausgeber, Redaktion, Satz, Gestaltung (inkl. Umschlaggestaltung):
Boris Ludz, Dresden

Erlebnispädagogisches und traditionelles Bogenschießen im Schulbereich

Inhalt

Erlebnispädagogisches und traditionelles Bogenschießen im Schulbereich

Vorwort

Liebe Leser,

herzlich willkommen!

Dieses Buch richtet sich an Pädagogen, die das Bogenschießen in Schulen im Rahmen des Ganztagsangebots oder auch im Rahmen von Projektwochen etablieren wollen.

Das Buch bietet einen kurzen Abriss in das erlebnispädagogische Konzept, schafft einen Überblick in den Bewegungsablauf und das Teilelementetraining.

Darüber hinaus bietet es einen Pool an Spielen und Sammlungen, aus denen der Pädagoge Unterrichtseinheiten zusammenstellen kann.

Das Bogenschießen bietet einen zahlreichen Mehrwert, in dem Motorik, Konzentration und Bewegungsabläufe geschult werden.

Darüber hinaus gilt es ein Regelwerk zu beachten, damit der Sport sicher und verletzungsfrei bleibt.

Zum Abschluss gibt es schnelle Lernerfolge und der eigene Selbstwert wird dadurch gesteigert.

Bei der pädagogischen Arbeit wünschen wir viel Spaß und hoffen, dieses Buch kann dazu beitragen, Anregungen zu liefern.

Erlebnispädagogisches und traditionelles Bogenschießen im Schulbereich

Der Bewegungsablauf beim intuitiven Bogenschießen

1. <u>Stand</u>

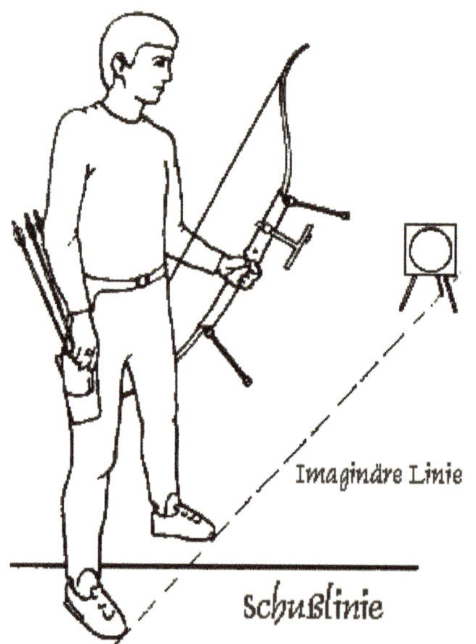

> *Der Stand ist seitlich und leicht nach vorne gekippt, die Beine stehen schulterbreit auseinander, um einen sicheren Stand zu gewährleisten.*

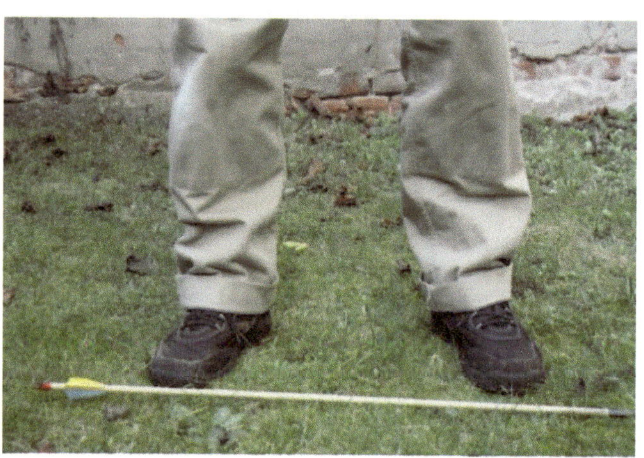

2. <u>Zughand</u>

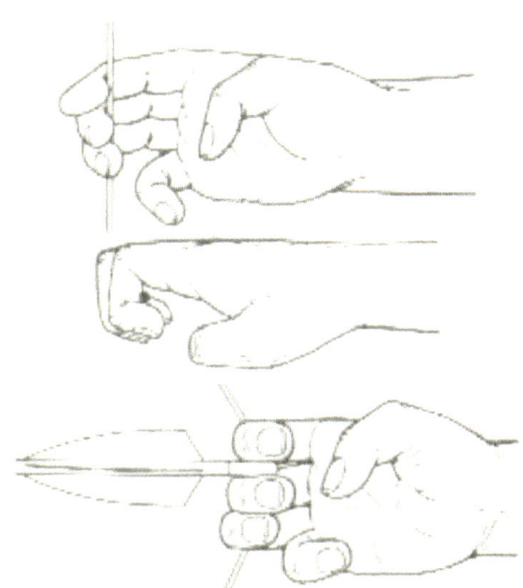

> Die Finger der sehnenführenden Hand greifen im ersten Fingergelenk um die Sehne (Zeigefinger über, Mittel-, und Ringfinger unter den Pfeil. Daumen und kleiner Finger werden eingeknickt. Handrücken und Arm bilden eine gerade Linie. So wird die Zugkraft in Pfeilhöhe ohne Störung gerade nach hinten entlang der Pfeilachse

3. <u>Bogenhand</u>

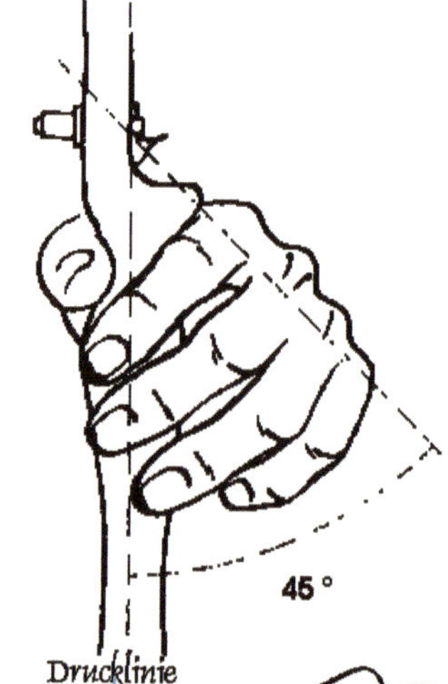

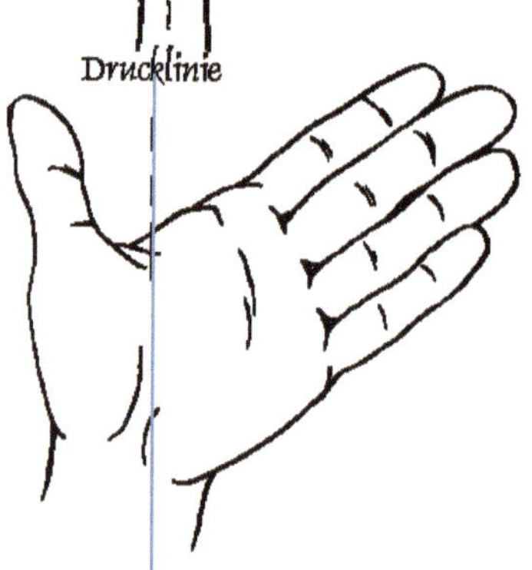

> Die Bogenhand umfasst mit Daumen und Zeigefinger locker den Bogen. Die Hand steht etwa in einem Winkel von 45° vom Bogen ab. Eine fest umschlossene Bogenhand kann zu einer Ablenkung der Pfeilflugbahn führen.

4. <u>Anker</u>

Beim seitlichen Anker berührt der Zeigefinger den Mundwinkel und der eingeknickte Daumen liegt am Unterkiefer an. So wird ein konstanter und wiederholbarer Auszug gewährleistet.

5. __Auszug__

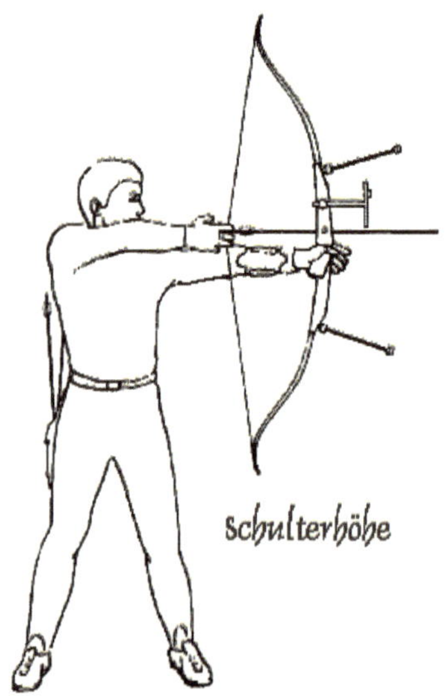

Der Bogen wird auf Vorspannung gebracht, also leicht ausgezogen, um die Technikaspekte vor dem eigentlichen Schuss zu erledigen (Druckpunktgefühl in der Hand präzisieren, Bogen senkrecht, Bogenarm eindrehen, Bogenschulter tief halten, Oberkörper gerade hinter den Pfeil stellen, Zugarm positionieren, Blickkontakt zum Ziel).

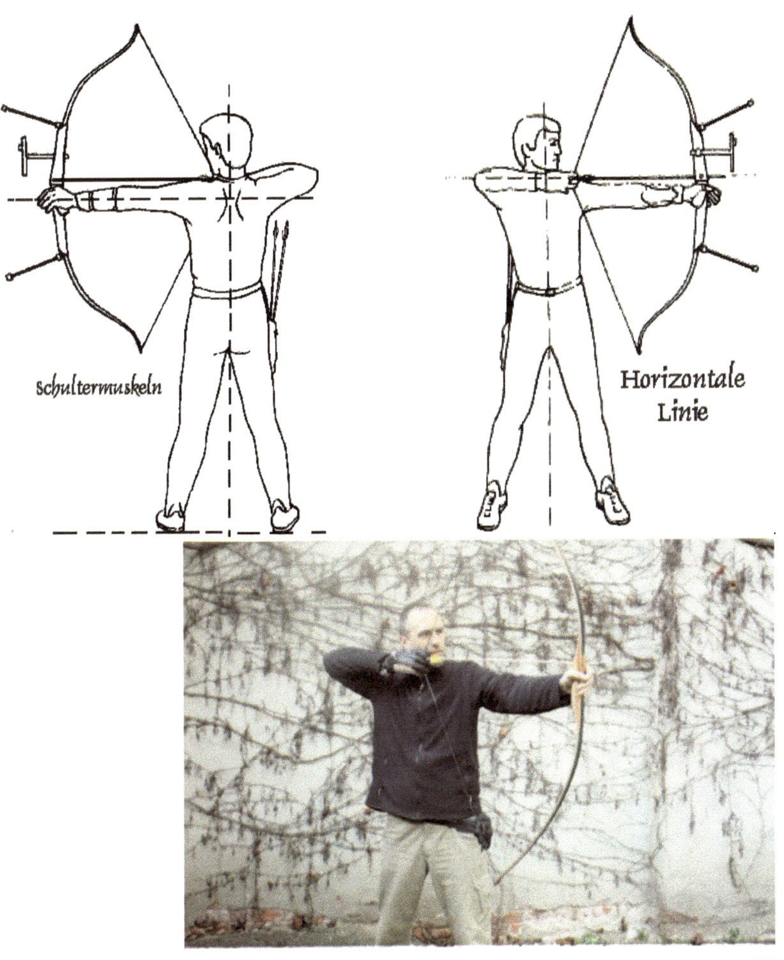

Beim Spannen des Bogens auf Vollauszug wird die Kraft durch die Rückenspannung aufgebaut und gehalten, dabei werden die Schulterblätter zusammen geführt. Dies hat den Vorteil, dass der Zugarm entlastet und die volle Auszugslänge erreicht wird. Der Bogenschütze atmet während des Zugvorgangs ein, es entsteht ein Gefühl von Entspannung und Stärke. Während des Aufbaus der Rückenspannung wird langsam und gleichmäßig ausgeatmet. Dabei werden die Lungen bis zum natürlichen Gleichgewicht ausgeatmet. Die Atmung muss nun in dieser Stellung gehalten werden bis das Lösen abgeschlossen ist.

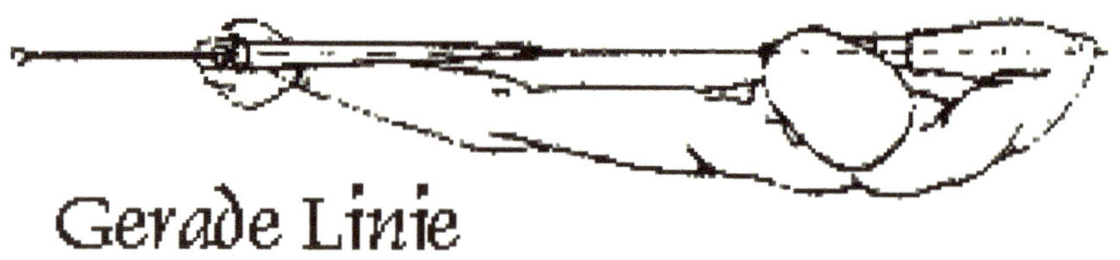

Gerade Linie

Um ein möglichst effektives Kräftedreieck (Bogenarm - Schulterblätter–Zugarm) zu erreichen, werden die Schulterblätter parallel zur Schussrichtung ausgerichtet. Der Zugarm wird in der Höhe positioniert. Er liegt in der Verlängerung der Pfeilachse. Vermeiden, dass sich die Schulter des Bogenarms hochzieht.

6. <u>Lösen und Nachhalten</u>

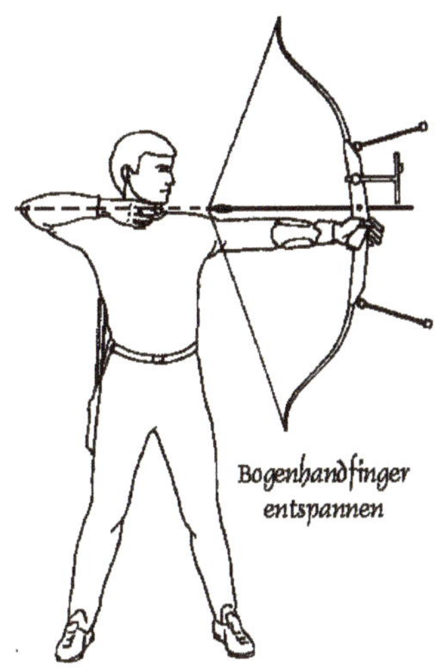

Beim Lösen des Pfeils werden die Finger nicht (!) aktiv geöffnet, sondern lediglich völlig entspannt. Die Sehne drückt die Finger der Zughand aus dem Weg und der Schütze lässt dies zu. Durch den Zug, der von der gespannten Muskulatur der Schulterblätter verursacht wird, wird die Zughand nach hinten auf die Schulter gezogen. Die Position nach dem Lösen wird gehalten („Nachhalten"). Die richtige Rückenspannung muss für weitere zwei bis drei Sekunden aufrechterhalten werden. Dadurch wird vermieden, dass der Pfeil evtl. verrissen wird und der Schütze kann dem Pfeil bewusst hinterher schauen und sich ggfls. korrigieren.

Welche Sicherheitsregeln gelten beim Bogenschießen?

*Alle Schützen stehen immer in einer Reihe/auf gleicher Höhe nebeneinander, niemals zueinander versetzt.

*Der Pfeil wird erst dann aufgelegt, wenn sich niemand mehr vor den Schützen befindet.

*Es wird niemals geschossen oder der Bogen gespannt, sofern sich noch Personen vor den Schützen befinden.

*Pfeile werden erst dann von der Zielscheibe zurückgeholt, wenn alle Schützen ihre Pfeile geschossen haben.

*Pfeil und Bogen werden stets in Richtung der Zielscheibe gehalten.

*Trockenschüsse (Ein Schuss ohne Pfeil) sind unbedingt zu vermeiden.

*Bei versehentlichen Schüssen in hartes Material (Holz, Beton, Baum, etc.) sind die Pfeile vom Schützen auf ihre Unversehrtheit zu überprüfen.

*Beim Herausziehen der Pfeile aus der Zielscheibe ist darauf achten, dass sich niemand hinter den Pfeilen befindet.

*Beim Herausziehen eines Pfeils aus der Zielscheibe eine Hand gegen die Zielscheibe gegendrücken und mit der anderen Hand den Pfeil vorne an der Zielscheibe anfassen und gerade herausziehen. Jeder Pfeil wird einzeln herausgezogen.

Materialliste Bogenschießen

Folgende Artikel sind als Ausrüstung beim Bogenschießen in der Schule erfahrungsgemäß zu berücksichtigen:

- Mittel- bzw. Griffstück
- Wurfarme
- Pfeilauflage
- Sehne
- Nockpunktbegrenzer
- Sehnenwachs
- Pfeile (inkl. Federn oder Vanes, Spitzen, Nocken)
- Armschutz
- Handschuh
- Pfeilzieher
- Köcher
- Bogenrucksack oder -tasche
- Bogenständer
- Spannschnur
- Zielscheibenständer
- Zielscheiben
- Pfeilfangnetz

Gesundheitliche Aspekte

Bogenschießen ist ein gesunder Sport, der kaum Verletzungsrisiken kennt. Mediziner, vor allem Orthopäden, werden bestätigen, dass bei Bogenschützen kaum Probleme mit der Wirbelsäule auftreten, da die Rückenmuskulatur stark ausgeprägt wird und so Schäden entgegenwirkt. Gerade bei Haltungsproblemen kann Bogenschießen unter fachgerechter Anleitung positiv wirken. Auch für Menschen mit körperlichen Einschränkungen stellt der Bogensport eine ideale Möglichkeit dar, sich sportlich zu betätigen und wird insofern oftmals als Therapie vorgeschlagen.

Es werden Muskulatur, Bänder, Sehnen, Wirbelsäule und Gelenke aktiviert und stabilisiert, Puls und Atmung geformt sowie Geist und Seele in Einklang gebracht. Mentale Stärke und Konzentration sind in dieser Sportart zentrale Voraussetzungen, um den Bewegungsapparat gezielt und erfolgreich einzusetzen. Wie auch bei anderen Sportarten, beginnt man vor dem Training mit Lockerungsübungen (Stretching), um die Muskulatur und die Gelenke auf das Bogenschießen vorzubereiten.

Bei diesem Sport kommt es besonders auf eine gerade Körperhaltung an. Die Wirbelsäule und das Becken sind aufgerichtet, so dass die Lendenwirbelsäule gerade und nicht im Hohlkreuz steht. Die Knie sind leicht angewinkelt und unterstützen so den geraden Stand.

Viele Menschen atmen, meist unbewusst, zu flach. Beim Bogenschießen dagegen wird der Brustkorb (Thorax) durch die bewusst eingesetzte Atmung (Bauchatmung) positiv beeinflusst. Das Atmen trägt ebenfalls zur Entspannung und Konzentration beim Schießen bei.

Auch führt der Wechsel von Spannung und Entspannung der gesamten Muskulatur zu einem höheren und bewussteren Körperempfinden. Die Kraftanstrengung beim Spannen des Bogens und die anschließende Entspannungsphase beim Lösen der Sehne werden als positiv empfunden. Kurz einige der wichtigsten Muskeln beim Bogenschießen und deren Funktion: Die Rückenmuskulatur, insbesondere der zwischen beiden Schulterblättern liegende Rautenmuskel (M. rhomboidei), wird in der Phase des Bogenspannens eingesetzt. Der Rautenmuskel zieht die Schulterblätter mittelwärts und zugleich etwas nach oben. Über dem Rautenmuskel liegt der Kapuzenmuskel (M. trapezius). Der mittlere Teil des Kapuzenmuskels zieht die Schulterblätter ebenfalls zur Rückenmitte. Der obere Teil wirkt hebend, der untere Teil senkend auf die Schulterblätter. Der Muskel, der den Übergang von der Schulter zum Oberarm (die Wölbung der Schulter) bildet, ist der Deltamuskel (M. deltoideus). Entspringend von Schlüsselbein, Schulterhöhe und Schulterblattgräte, setzt er an der Mitte des Oberarmes an und hebt vor allem den Oberarm bis zur Horizontalen.

Dem Faserlauf entsprechend, zieht die vordere Partie des Deltamuskels den Arm nach vorne und die hintere den Arm nach hinten. Die gesamte Arm- und Handmuskulatur hat hauptsächlich Streckerfunktion. Brust, Zwischenrippenmuskulatur und das Zwerchfell unterstützen die Atmung.

Nicht zu vergessen ist der gemeinschaftliche Rückenstrecker (M. erector trunci). Dieser kräftige Muskelstrang erstreckt sich neben der Wirbelsäule vom Kreuzbein bis zum Hinterhauptbein und ist, wie sein Name schon verrät, für die Streckung des Rückens zuständig.

Die Muskelspannung geht weiter über die Gesäß- und Beinmuskulatur. Dies ist jedoch nur eine grobe Darstellung, der beim Bogenschießen aktiven Muskulatur. Eine detailliertere Aufzählung aller Muskeln würde an dieser Stelle zu weit führen. Beim Bogenschießen ist der gesamte Körper unter Anspannung. Dazu braucht jeder Schütze eine ausbalancierte Kondition. Neben Kraft, Ausdauer, Beweglichkeit und Schnelligkeit müssen jedoch primär die koordinativen Fähigkeiten trainiert werden. Ein perfekter Schuss ist ein hochkomplexer Ablauf.

Zusätzlich zur körperlichen Belastbarkeit erfordert der Bogensport mentales Training zur Stärkung der Konzentrationsfähigkeit und Kontrolle der eigenen Psyche. Nur ein ruhiger, entspannter und konzentrierter Geist ist zu guten Leistungen fähig.

Grundsätzlich ist zunächst festzustellen, dass jede sportliche Betätigung positive Auswirkungen auf unseren Körper/Organismus hat, egal in welchem Alter diese durchgeführt wird. Wenn man allerdings beim Bogenschießen die Frage stellt, was sich jemand speziell vom Schießen mit dem Bogen erwartet, bekommt der Fragesteller oft die folgende Antwort: K o n z e n t r a t i o n.

So beinhaltet der Bewegungsablauf eines Schützen letztendlich folgende Punkte:

- Körperliche Anstrengung = Kraft
- Fixierung auf das Ziel = Konzentration
- Entspanntes Lösen = Treffer

„Ruhe" ist für ein gesundes und erlebnisreiches Bogenschießen vielleicht der weitaus bessere Begriff! Er verbindet den Einsatz von Kraft mit der Fixierung auf das Ziel und der Entschlossenheit dieses zu treffen. Werden alle dem Bogensport zugerechneten Bewegungsabläufe (siehe auch Positionsphasenmodell) korrekt sowie dem Alter entsprechend leistungsgerecht ausgeführt, ergeben sich schnell folgende Verbesserung:

Verbesserung der Konzentrationsfähigkeit

Der Bogenschütze muss alle inneren und äußeren Ablenkungen ausblenden können, sich dann auf sich konzentrieren und alle Bewegungsabläufe reproduzieren. Die Fähigkeit zur Konzentration kann dabei helfen, sich in Stresssituationen im Wettkampf oder auch im Alltag besser zu Recht zu finden und angemessen zu reagieren.

Ausdauer und Geduld

Im Bogensport ist Geduld und Ausdauer gefragt, da es nicht um Geschwindigkeit, sondern um Präzision geht. Um Präzision benötigt viel Ausdauer und viel Geduld. Gerade in der heutigen, oftmals sehr hektischen Zeit, stellt das Bogenschießen einen hervorragenden Ausgleich zum Alltag dar.

Beweglichkeit der Hände und Finger

Die Finger und Hände gewinnen durch den Bogensport (bei regelmäßigem Training) Zusehens an Stärke und Beweglichkeit, da sie während der Durchführung eines Schusses in ihrer vollen Bewegungsbandbreite gefordert werden.

Verbesserte Hand – Auge – Koordination und besseres Balancegefühl

Durch das korrekte Zusammenspiel der Beine, der Bauch- und Rumpfmuskulatur, der Arme, der Hände, der Rücken-, Schulter- und Nackenmuskulatur, des Kopfes und der Augen wird die Hand – Auge – Koordination gezielt trainiert und ständig verbessert und gefestigt. Ebenso das Balancegefühl des Sportlers, was dazu führt, dass der körperliche Schwerpunkt immer besser gehalten werden kann.

Zuwachs der Stärke und Ausdauer

Werden die Bewegungsabläufe im Bogensport korrekt ausgeführt, so führen diese zur Stärkung der Arme, der Brustmuskulatur, der Hände, der Schultern, dem Nackenbereich sowie der Rumpfmuskulatur. Ähnlich wie beim Trainieren mit Gewichten erfolgt ein Muskelzuwachs der zur Erhöhung der Ausdauer und Beweglichkeit führt.

Steigerung des Selbstbewusstseins

Zum einen wird darunter das aktive durch innere Denkvorgänge herbeigeführte Erkennen der eigenen Persönlichkeit verstanden. Zum anderen beschreibt Selbstbewusstsein etwas, dass mit Vertrauen, Zuversicht, Sicherheit und Gewissheit verbunden wird. Ein selbstbewusster Mensch verspürt diese Dinge in so starkem

Maße, dass er seiner Zukunft relativ optimistisch, angstfrei, sorglos und unbekümmert entgegengeht.

Im Bogensport wurde messbar nachgewiesen, dass eine deutliche Verbesserung der körperlichen Form und der erworbenen Technik zu mehr Selbstachtung und Selbstvertrauen beiträgt. Dieses im Bogensport erworbene „mehr an Selbstvertrauen" wird mit in den Alltag übernommen und hat somit auch hier positive Auswirkungen des täglichen Lebens.

Der Bogensport, eine der ältesten olympischen Disziplinen, erfreut sich in der heutigen Zeit größter Beliebtheit. Dabei steht nicht nur die sportliche Herausforderung im Mittelpunkt, sondern auch das körperliche und seelische Wohlbefinden. Beim Bogensport werden Muskulatur, Bänder, Sehnen, Wirbelsäule und Gelenke sowie Atmung, Geist und Seele in Einklang gebracht. Die Konzentration ist in dieser Sportart Voraussetzung, den Bewegungsapparat gezielt einzusetzen.

Bei diesem Sport kommt es besonders auf eine gerade Körperhaltung an. Die Wirbelsäule und das Becken sind aufgerichtet, so dass die Lendenwirbelsäule gerade und nicht im Hohlkreuz steht. Die Knie sind leicht angewinkelt und unterstützen so den geraden Stand. Bewusstes Atmen trägt ebenfalls zur Entspannung und Konzentration beim Bogensport bei. Auch führt der Wechsel von Spannung und Entspannung der gesamten Muskulatur zu einem besseren Körperempfinden.

Bogensport – ein Ganzkörpersport

Beim Bogensport ist der gesamte Körper unter Anspannung. Dazu braucht man neben Körperbeherrschung auch Kondition. In der Phase des Bogenspannens wird die Rückenmuskulatur eingesetzt.

Die gesamte Arm- und Handmuskulatur hat hauptsächlich Streckerfunktion. Brust, Zwischenrippenmuskulatur und das Zwerchfell unterstützen die Atmung. Die Muskelspannung geht weiter über die Gesäß- und Beinmuskulatur. Dabei wird die Kraftanstrengung beim Spannen des Bogens nicht als negativ empfunden. Im Gegenteil, die Anspannung der Muskulatur geht beim Lösen der Sehne in eine Entspannungsphase über. Eine positive Auswirkung zeigt dieser Sport bei Haltungsschäden, insbesondere bei Kindern und Jugendlichen.

Bogenschießen kann grundsätzlich bei fast allen Krankheitsbildern eingesetzt werden, außer bei Schulterverletzungen und nach Halswirbeloperationen.

Bogenschießen in der Therapie

Der Umgang mit Pfeil und Bogen übt auf die meisten Menschen – ob groß oder klein – eine Faszination aus. Die Begeisterung, mit der diese Sportart betrieben wird, kann in der Therapie bei vielen Erkrankungen genutzt werden. Beim Bogensport handelt es sich um eine Sportart, bei der es keine ruck- oder stoßartigen Belastungen für den Stütz- und Bewegungsapparat gibt. Dies ist die Voraussetzung dafür, den Bogensport in der Sporttherapie wirkungsvoll einzusetzen. Die meisten Patienten denken beim Bogensport nicht daran, dass es sich hier um eine Therapie handelt, sondern unterliegen der Faszination dieser Sportart und sind dadurch eher bereit, die erforderlichen Bewegungsabläufe durchzuführen. Bei korrektem Bewegungsablauf werden die Schultergürtel- und Rumpfmuskeln im Laufe der Zeit gestärkt und auch das Selbstbewusstsein wird gefördert.

Die häufig gestellte Frage, ob Bogensport auch ein Familiensport ist, kann mit einem eindeutigen „Ja" beantwortet werden.

Bogenschießen eignet sich für alle Altersgruppen. Kinder, Jugendliche, Erwachsene, Senioren und Behinderte begeistern sich gleichermaßen für diesen ästhetischen Sport. Ein weiterer Vorteil ist, dass alle Könnensstufen gleichzeitig trainiert werden können und damit auch die Integration gefördert wird.

Erfolgreiches Lernen nach der Teillehrmethode

Wer sich dafür entscheidet, das Bogenschießen zu erlernen, sollte sich nach einem Kurs umschauen, in dem der Bewegungsablauf in vielen Einzelschritten nach der Teillehrmethode gelehrt wird. Diese Methode ermöglicht es dem Schützen, die einzelnen Schritte des Bewegungsablaufes Schritt für Schritt zu erlernen, ohne dass sich Fehler einschleichen, die nur schwierig wieder zu korrigieren wären. Nach und nach wird bei der Teillehrmethode jeder einzelne Schritt des insgesamt komplexen Bewegungsablaufes gelehrt. Begonnen wird mit dem Üben des richtigen Standes. Dazu gehört es, die Füße parallel aufzustellen und das Gewicht ein wenig nach vorne zu verlagern. Und auch wenn das Warten dem einen oder anderen schwerfallen sollte: Einen Bogen bekommen die Schützen bei dieser Methode erst dann in die Hand, wenn der ganze Bewegungsablauf einstudiert wurde.

Je wichtiger dem Schützen gute Treffer werden, desto leichter verkrampft er sich. Soll der Pfeil um jeden Preis in die Mitte treffen, bleibt dem Schützen oft nicht genug mentale Energie für den konzentriert durchgeführten Bewegungsablauf. Wie so oft, ist auch hier der Weg eigentlich wichtiger als das Ziel. Wer sich von seinem Erfolgsdruck befreien kann und wem die Treffer nicht so übermäßig wichtig sind, der hat es leichter, den Schuss im Vertrauen auf einen guten Bewegungsablauf nahezu unbewusst zu lösen – und der wird dann letztlich auch gut treffen.

„Das Zusammenspiel aus Anspannung und Entspannung ist es, was dem Körper beim Bogenschießen guttut."

Erlebnispädagogische Aspekte

Definition:

„Erlebnispädagogik ist eine handlungsorientierte Methode und will durch exemplarische Lernprozesse, in denen junge Menschen vor physische, psychische und soziale Herausforderungen gestellt werden, diese jungen Menschen in ihrer Persönlichkeitsentwicklung fördern und sie dazu befähigen, ihre Lebenswelt verantwortlich zu gestalten"

Die Wurzeln der Erlebnispädagogik reichen weit zurück und schon lange ist bekannt, dass Lernen besser funktioniert, wenn es nicht nur kognitiv, sondern auch emotional und praktisch ausgerichtet ist. Die modernen Neurowissenschaften bestätigen diese Erkenntnis und die Erlebnispädagogik setzt sie um, indem sie Personen und Gruppen vor ungewohnte reale Herausforderungen stellt. Dies können beispielsweise Interaktionsübungen oder natursportliche Aufgaben sein, bei denen es nicht nur auf die alleinige Aktion ankommt, sondern auch auf die in ihr enthaltenen Erfahrungs- und Erkenntnispotenziale. Eine erlebnispädagogische Situation kann schon eine Metapher für ein Alltagsproblem darstellen, oder es werden durch Reflexion Parallelen gezogen zwischen Alltag und Erlebnissen z.B. beim Klettern, Bootfahren sowie in der Interaktion mit anderen. Dementsprechend verfolgt die Erlebnispädagogik als grundlegendes Ziel, Erlebnisse in alltagstaugliche Erkenntnisse und Erfahrungen zu transferieren. Selbstverständlich hat auch diese Methode ihre Grenzen. Insgesamt lassen sich mit ihr aber zahlreiche außergewöhnliche Wirkungsimpulse erzielen, die so individuell sind, wie die daran beteiligten Menschen.

Erlebnispädagogik in der Erlebnisgesellschaft

Was ist ein Erlebnis? Es ist ein nicht alltägliches, besonderes Ereignis, das uns innerlich bewegt, nachhaltig prägt und dessen Bedeutung letztendlich höchst individuell ist. Die Suche oder sogar Sucht nach Erlebnissen hat in den letzten Jahrzehnten zugenommen und zu deren Vermarktung inklusive der damit verbundenen Gefühle geführt. Auch das Kaufen an sich soll oftmals schon ein „Erlebnis-Shopping" sein. Je öfter sich aber eine Situation wiederholt, desto weniger wird sie zum Erlebnis. Demzufolge versucht die Erlebnisgesellschaft, ihren Konsumenten mit immer wieder neuen Reizen immer wieder neue, kommerzialisierbare Erlebnisse zu verschaffen.

Sollte die Pädagogik da mitmachen? Um diese Frage zu beantworten, ist ein recht großer Schritt zurück in ihre Geschichte notwendig. So forderte bereits Johann Heinrich Pestalozzi (1746–1827) in seiner oftmals auf die Begriffe Kopf, Herz und Hand reduzierten Leitlinie, dass Lernen nicht nur kognitiv, sondern auch emotional und praktisch erfolgen solle. Kurt Hahn (1886–1974) setzte im Internat Salem am Bodensee das körperliche Training, die Expedition, das Projekt und den Dienst am Nächsten mit dem Ziel von Persönlichkeitsbildung und sozialem Lernen gegen die „Verfallserscheinungen der Gesellschaft" ein. John Dewey (1859–1952) sprach vom „learning by doing", und lange, bevor es eine wissenschaftliche Pädagogik gab, stellte Konfuzius (551 v.Chr.–479 v.Chr.) fest, dass Gesagtes schnell vergessen wird und erst die Anwendung zum Verstehen führt.

So ist es keineswegs die Pädagogik, die auf einen Trend der Erlebnisgesellschaft aufspringt. Ihre jahrhundertealten Erkenntnisse schlummerten für den Rest der Gesellschaft und auch für die Pädagogik selbst lange im Verborgenen. Dass Lernen mit positiver Emotion und praktischer Anwendung besser funktioniert, wurde nunmehr durch die bildgebenden Verfahren der modernen Neurowissenschaften objektivierbar nachgewiesen. Erst seitdem ist diese uralte pädagogische Erkenntnis wieder modern.

Was ist Erlebnispädagogik?

Verschiedene Definitionen der Erlebnispädagogik liegen vor. Eine bekannte lautet: „Erlebnispädagogik ist eine handlungsorientierte Methode und will durch exemplarische Lernprozesse, in denen junge Menschen vor physische, psychische und soziale Herausforderungen gestellt werden, diese jungen Menschen in ihrer Persönlichkeitsentwicklung fördern und sie dazu befähigen, ihre Lebenswelt verantwortlich zu gestalten."

Darüber hinaus findet Erlebnispädagogik auch ihre Anwendung in der Arbeit mit Erwachsenen, wenn es zum Beispiel in Form von Outdoor-Training um das Thema Teamentwicklung in Organisationen geht. Weiterhin wird sie als erfahrungsorientierte Therapie oder Erlebnistherapie in der Therapie und Rehabilitation für Menschen mit physischen oder psychischen Beeinträchtigungen genutzt.

Es geht bei der Erlebnispädagogik um Herausforderungen in realen Situationen und die damit verbundenen Erlebnisse und Erkenntnisse. Im Unterschied zu einfachen Erlebnisevents versucht die Erlebnispädagogik, insbesondere durch Reflexion, die Ereignisse und Erlebnisse in verallgemeinerbare Erkenntnisse zu überführen. Ereignisse und Eindrücke beispielsweise in der Natur werden individuell verarbeitet zu Erlebnissen. Daraus lassen sich durch Reflexion grundsätzlichere Erfahrungen gewinnen, die im Idealfall zusammen mit anderen Erfahrungen und gegebenenfalls durch pädagogische Begleitung zu Erkenntnissen werden. Diese Erkenntnisse über sich selbst, die eigenen sozialen Beziehungen oder das bisherige und zukünftige Leben werden in den Alltag transferiert und vergrößern die Chancen auf Veränderung.

In der Praxis kann dies z.B. folgendermaßen umgesetzt werden:

- Kletteraktionen am Naturfelsen, in der Kletterhalle oder auf dem Hochseilgarten sind für viele auf den ersten Blick mit dem wichtigen Thema Vertrauen verbunden. Gleichzeitig geht es aber auch um den Umgang mit <u>Angst</u>, um das Loslassen, um den nächsten Schritt oder um das Erreichen eines Ziels. Verbunden mit den körperlichen Herausforderungen sowie entsprechenden physischen und psychischen Reaktionen ergeben sich zumindest für die ungeübten Teilnehmenden schnellen Grenzsituationen, in denen Fassaden und Alltagsroutinen nicht mehr aufrechtzuerhalten sind. In der Reflexion liegen dann oft die metaphorischen Bezüge zwischen der Kletteraktion und vielen Alltagssituationen auf der Hand.
- „Alle sitzen im gleichen Boot" erfüllt bereits sprichwörtlich offensichtliche Parallelen zum Alltag. Sich in der verantwortungsvollen Rolle der Steuerperson zu befinden, das Boot aktiv zu lenken und Anweisungen zu geben, die richtungsentscheidend sind, kann eine große Herausforderung bedeuten. Sich im gleichen Takt mit den anderen rudernd in das Team zu integrieren und zu erfahren, dass das Boot bei Stromschnellen trotzdem „aus dem Ruder" gerät, kann für manche mindestens genauso strapazierend sein. Was bedeutet abgeleitet daraus die Übernahme von Führungsrollen? Wie sieht gute Teamarbeit im Alltag aus?
- Für ein paar Stunden oder gar ein paar Tage an einem ungewohnten Ort, meistens in der Natur, für sich allein zu sein, die Zeit ohne mediale Ablenkung oder andere Formen des Luxuskonsums zu verbringen, ist für viele heute eine sehr ungewohnte Situation geworden. Reflexionsprozesse finden

fast zwangsläufig statt und sind nicht immer bequem. Manchmal lassen sich Antworten auf Fragen finden, die lange beantwortet werden wollten.

- Neben solchen intensiven Solos oder materialreichen Gruppenaktionen bieten auch zahlreiche Interaktionsübungen ohne große Logistik viele Potenziale für persönliches und soziales Lernen. Die daraus resultierenden Lerneffekte sind oftmals mindestens genauso weitreichend wie bei Aktionen mit hohem organisatorischem Aufwand.

Deutlich wird als wichtigstes Ziel der Erlebnispädagogik, dass die aus einer erlebnisintensiven Situation resultierenden, kognitiven, emotionalen und praktischen Erfahrungen in verallgemeinerbare, alltagstaugliche Erkenntnisse transferiert werden sollen.

Lernmodelle in der Erlebnispädagogik

Die Voraussetzungen für einen solchen Transfer in den Alltag basieren auf unterschiedlichen Lernmodellen. Die drei wichtigsten sollen im Folgenden kurz dargestellt werden:

„The mountains speak for themselves"

Dieses Modell geht von einer fast zwangsläufigen Prägung der Teilnehmenden durch ein längeres, in der Regel über mehrere Wochen angelegtes Naturerlebnis mit entsprechenden Aktivitäten aus. Die Erlebnisse und Erfahrungen werden als so prägend und nachhaltig angesehen, dass sie mit hoher Wahrscheinlichkeit fast zwangsläufig ihre Spuren im alltäglichen Leben der Teilnehmenden hinterlassen.

„Outward Bound Plus"

Langfristige Expeditionen und Auslandsaufenthalte lassen sich auch aus finanziellen Gründen nicht immer einfach realisieren. In der Folge entwickelte sich das Modell „Outward Bound Plus". Hier kommt der Reflexion des Erlebten eine besondere Bedeutung zu. Versucht wird anhand von Gruppen- oder auch Einzelreflexionen, das spezifische Erlebnis aufzuarbeiten, Parallelen zu Alltagsituationen herzustellen, daraus stärker generalisierbare Erfahrungen abzuleiten und auf diese Weise Erkenntnisprozesse anzustoßen. Im Unterschied zum erstgenannten Lernmodell folgt hier also auf die Aktion die Reflexion. Themen der Teilnehmenden lassen sich dabei direkt ansprechen und zu den Erlebnissen in Beziehung setzen. Reflexionen können ebenfalls methodisch unterstützt werden und in unterschiedlicher Intensität stattfinden.

„Metaphorisches Modell"

Eine Reflexion beinhaltet das Risiko, Erlebnisse zu sehr zu „zerreden". Im Metaphorischen Modell kann zwar auch Reflexion stattfinden, allerdings ist eine Übung bereits so angelegt, dass in ihr ein Alltagsverhalten metaphorisch für alle weitestgehend offensichtlich abgebildet wird. Es besteht also eine hohe Strukturähnlichkeit (Isomorphie) zwischen der erlebnispädagogischen und einer alltagstypischen Situation. Die Teilnehmenden ziehen zwischen beiden Situationen einen mehr oder weniger bewussten Vergleich und haben die Chance, in der erlebnispädagogischen Übung ein ungewohntes Verhalten auszuprobieren. Die daraus resultierenden Lerneffekte können auch das Alltagsverhalten modifizieren. Das Lernen soll hier vor allem in der Aktion selbst stattfinden. Eine anschließende Reflexion kann dabei unterstützen.

Weitere Lernmodelle wurden darüber hinaus entwickelt. Zum Teil ähneln sie den drei klassischen, zum Teil stellen sie neue Aspekte in den Vordergrund, wie beispielsweise beim direktiven Handlungslernen oder „frontloading". Dabei werden im Kontrast zu den anderen Modellen die Lernziele gleich zu Beginn einer Aktion offengelegt und später deren Erreichen in der Reflexion überprüft.

Insgesamt zeigt sich, dass die Wahl des jeweiligen Lernmodells insbesondere von den Rahmenbedingungen, den Zielgruppen und den Zielen abhängig ist.

Wirkungsimpulse von Erlebnispädagogik

Besonders die Erlebnispädagogik sieht sich mit der zentralen Frage konfrontiert, ob sie pädagogisch wirkt, ob also der Transfer von der singulären Erlebnissituation in alltagstaugliche Erkenntnisse gelingt. Diese Frage könnte man für jede pädagogische Aktivität stellen, aber eine Methode, die von außen betrachtet „nur" nach Sport, Spiel und Spaß aussieht, scheint hinsichtlich ihrer Wirkungen besonders fragwürdig zu sein.

Im Grunde ist schon die Frage nach den Wirkungen falsch gestellt. Wie bereits ausgeführt, liegt das Erlebnis im Auge der Erlebenden und ist damit höchst individuell. So wird die gleiche erlebnispädagogische Situation mit 20 Teilnehmenden zumindest partiell 20 verschiedene Erlebnisse hinterlassen. Im Hintergrund stehen Lernprozesse von Personen und Gruppen, die sich selbst organisieren und nur begrenzt von außen steuerbar sind. Eine Erlebnissituation trifft bei diesen auf ganz bestimmte Vorerfahrungen beispielsweise aus der individuellen Biografie oder der Gruppengeschichte, wird unterschiedlich selektiv wahrgenommen und zieht dementsprechend verschiedene

Effekte nach sich. Die „Wirkung" ist also nicht mehr, aber auch nicht weniger als ein Wirkungsimpuls, der weiterverarbeitet wird. Im Erziehungssystem sind pädagogische Prozesse also nicht direkt beeinflussbar. Anhand einer Veränderung der Rahmenbedingungen, beispielsweise durch eine Exkursion in die Natur oder eine praktische Problemlösungsaufgabe, ist aber eine kontextuelle Steuerung möglich.

Durch die Veränderung des Kontexts müssen die Teilnehmenden zwangsläufig ihre Komfortzone verlassen, um zum Ziel zu gelangen. An dieser Stelle beginnen Lernprozesse. Der Eintritt in die Lernzone ist verbunden mit einer Verstörung, die ein sich im „Alltagstrott" befindliches System (Person, Gruppe, Organisation) produktiv aus dem Gleichgewicht bringt. Alltagsroutinen, beispielsweise in der Kommunikation miteinander, funktionieren nicht mehr wie gewohnt. Neue „Werkzeuge" müssen gefunden werden, um die gestellte Aufgabe zu bewältigen.

Unbedingt zu vermeiden ist aber ein Übergang von der Lernzone in die Panikzone. Hier sind Lernprozesse wieder blockiert. Unsicherheit und Ungleichgewicht sind so groß, dass die Gefahr von Unfällen steigt. Sicherheit ist dabei sowohl in technischer und physischer wie auch in psychischer und sozialer Hinsicht zu verstehen. Es geht also nicht nur um die Vermeidung von Unfällen im klassischen Sinne, sondern auch um die Verhinderung psychischer Beeinträchtigungen von Personen oder problematischer Beziehungsentwicklungen bei Gruppen. Angesichts einer individuell unterschiedlichen Risikotoleranz klingt dies einfacher, als es in der Praxis ist, denn eine möglichst hohe Minimierung der objektiven Risiken ist zu kombinieren mit subjektiv verschieden ausgeprägtem Risikoerleben.

Unter Beachtung entsprechender Rahmenbedingungen lassen sich aber vielfältige Wirkungsimpulse erzielen und auch empirisch nachweisen. In Deutschland ist die Zahl der Evaluationsstudien zur Erlebnispädagogik eher überschaubar. International liegen beispielsweise allein für den therapeutischen Einsatz der Erlebnispädagogik zahlreiche empirische Untersuchungen zu Wirkungsimpulsen vor.

Grenzen

Wie jede Methode hat auch die Erlebnispädagogik ihre Grenzen. Überall dort, wo es um gravierende Auswirkungen von sozialer Ungleichheit geht, kuriert sie allenfalls an den Symptomen. Auch die Vorstellung eines schnellen Durchlauferhitzers für die Lösung von Lebensproblemen ist nicht unbedingt anwendbar auf die Erlebnispädagogik. Damit Ereignisse zu Erlebnissen und Erlebnisse zu Erfahrungen beziehungsweise Erkenntnissen werden, braucht es Zeit. Dies gilt vor allem dann, wenn jahrelange biografische Erfahrungen zuvor in Sackgassen geführt haben. So ist im Vorfeld der erlebnispädagogischen Arbeit immer zu überlegen, welches Setting für welche Zielgruppe geeignet ist. Aber auch während der Aktion steht im Hintergrund immer die Frage, ob diese Übung mit diesen Personen in dieser Gruppe unter diesen Rahmenbedingungen vertretbar ist oder nicht.

Kritiker werfen der Erlebnispädagogik vor, dass sich Erlebnisse nicht inszenieren lassen und ein Transfer in den Alltag kaum gelingen wird. Wenn Erlebnispädagogik vor allem als Wettbewerbsevent mit blindem Aktionismus verstanden wird, dürfte dies auch der Fall sein. Anspruchsvolle Leistungen einer professionellen Pädagogik sind auch hier unverzichtbar.

Techniktraining im Bogensport

Die Verbesserung des Schussablaufes im Bogenschießen

Techniktraining im Bogensport. Die Basis für gute Leistungen!

Um ein bestimmtes Leistungsniveau im Bogensport zu erreichen ist gezieltes Training notwendig. Durch das Training verbessert sich das Schussergebnis und es wird verhindert, dass sich ein u.U. gesundheitsschädlicher Bewegungsablauf einschleicht. Wichtig für ein gutes Resultat im Bogenschießen ist eine saubere Schusstechnik und eine dazu passende Kondition des Schützen. Mit Hilfe von einem allgemeinen Fitnesstraining und auch gezieltem Krafttraining bekommt man die Kondition gut in Griff. Aber wie kann man den eigenen Schussablauf trainieren? Um dies zu verbessern führt man das sogenannte Techniktraining durch. Das Techniktraining hat zum Ziel den Schussablauf im allgemeinen zu verbessern, die Schwachstellen zu reduzieren bzw. abzubauen und auch Konstanz in die eigene Leistung zu bringen. Zur Überwachung und Dokumentation des Trainings ist das Führen eines Trainingstagebuch zu empfehlen.

Die Bestandteile des Techniktrainings

Das Techniktraining besteht im Wesentlichen aus zwei Bestandteilen:

- Dem Bewegungsablauftraining
- Dem Elementetraining oder Teilelementetraining

Das Bewegungsablauftraining

Trainingsprotokoll Techniktraining

Durch das Bewegungsablauftraining wird der gesamte Bewegungsablauf im Bogensport trainiert. Angefangen bei dem Stand, über den Auszug und Lösen bis hin zu dem Nachalten. Bei dem Bewegungsablauftraining ist es wichtig auch tatsächliche den Bewegungsablauf zu trainieren und keine anderen Dinge wie z.B. das Zielen.

Techniktraining ohne Scheibenauflage

Aus diesem Grund wird das Bewegungsablauftraining auch i.d.R. ohne Scheibenauflage durchgeführt. Nur so ist sichergestellt, dass man den Bewegungsablauf trainiert und sich auf nichts Anderes konzentriert. Es geht im Kern darum die Feinmotorik des eigenen Körpers so zu trainieren das der gesamte Schussablauf im Bogenschießen "automatisch", richtig und wiederholbar durchgeführt wird. Das bedeutet das die einzelnen Elemente des Schussablaufs flüssig und in korrekter Art und Weise durchlaufen werden.

Was passiert, wenn man mit einem Ziel trainiert? Zum einen erfordert das Zielen eine Menge Konzentration. Das Gehirn ist dann beschäftigt und kann sich nicht mehr auf die korrekte Durchführung des Schussablaufs konzentrieren. Und das war ja eigentlich das Ziel des Bewegungsablauftrainings. Der Hauptfokus liegt dann nicht mehr auf dem Bewegungsablauf, sondern auf "dem "Treffen"!

Das unbewusste Zielen im Bogenschießen

Jetzt kommt natürlich der Aspekt des Zielens dazu und das muss man tatsächlich. Aber zur richtigen Zeit. Wenn der eigene Bewegungsablauf sitzt und unterbewusst automatisch durchgeführt wird, dann hat man Luft sich auf das Zielen zu konzentrieren. Korrekterweise müsste man sagen das in einem später auch das Zielen unterbewusst abläuft. Viele Schützen sagen das sie sich gar nicht groß an das Zielen erinnern können. Es läuft einfach so mit.

Was aber viel Schlimmer beim Schießen auf eine Zielauflage ist, ist der mentale Effekt. Gerade wenn man noch Anfänger im Bogensport ist. Bei Fehlschüssen ist man unzufrieden und ärgert sich. Und negative Emotionen merkt sich das Gehirn viel besser und schneller als positive. Wenn man den Bewegungsablauf nicht gut hin bekommt, und der Pfeil deswegen nicht im Zentrum der Zielscheibe steckt, dann ärgert man sich. Und das verankert sich dann im Gehirn. Denn dieser schlechte Bewegungsablauf ist nun mit einer starken Emotion verknüpft worden. Damit trainiert man dann definitiv das Falsche. Nicht selten geraten Schützen dadurch in eine Abwärtsspirale der Leistung oder entwickeln sogar eine regelrechte Target Panik.

Kurze Entfernungen beim Bogenschießen

Da das "Schießen und Treffen" bei dieser Art des Trainings keine Rolle spielt wird dieses Training nicht selten im Abstand von 5m bis 10m zur Zielscheibe (ohne Scheibenauflage) durchgeführt. Man kann auch das Training ganz ohne Bogen durchführen. Dazu eignet sich ganz gut ein Gummiband / Theraband.

Nicht selten hört man das ein Trainer von "weitem" Fokus bei dem Bewegungsblauftraining spricht. Aus dem einfachen Grund das eben der gesamte Schussablauf trainiert wird. Was passiert aber wenn man nun den Fokus eng macht? Dann landet man beim sogenannten Teilelementetraining.

Das Teilelementetraining

Das Elementetraining konzentriert sich auf einen ganz speziellen Punkt im Bewegungsablauf wie z.B. dem Lösen, den richtigen Griff in den Bogen oder den Auszug des Bogens. Das Lösen selbst lässt sich dabei nicht einzeln trainieren. Mit "Lösen" ist hier kurze der Ablauf gemeint der zum Lösen führt. Der Aufbau der Rückenspannung, das Ankern und dann gefolgt von dem richtigen "loslassen".

Der ganze Rest des Bewegungsablaufs wird zwar durchlaufen, aber der Trainingsfokus des Bogenschützen liegt konzentriert auf dem einen zu trainierenden Element. Der Bogenschütze konzentriert sich ganz auf dieses eine Element und versucht dieses möglichst optimal durchzuführen. Der Rest des Bewegungsablaufs ist Beiwerk.

Wichtig bei dem Elementetraining ist es, das immer nur ein Element gleichzeitig trainiert wird. Wenn man mehrere Baustellen hat, dann macht man an unterschiedlichen Tagen jeweils ein Elementtraining mit anderem Schwerpunkt. Versucht man mehrere Dinge gleichzeitig zu verbessern, dann kann man den Fokus nicht so sehr darauf richten. Zum anderen kann man das dadurch entstehende Körpergefühl und ggf. die Resultate auf der Zielscheibe nicht gezielt der Verbesserung des Elements zuordnen. Dadurch ist die entstehende Feedbackschleife und damit der Trainingseffekt geringer.

Unter Feedbackschleife versteht man den Regelkreis zwischen Änderung - Ergebnis- Analyse und Anpassung der Änderung auf Basis des Ergebnisses. Wenn ich mehrere Dinge gleichzeitig im Schussablauf geändert habe, dann habe ich nicht mehr die Chance das Resultat einer bestimmten Änderung zuzuordnen und kann damit nicht mehr gezielt nachjustieren.

Damit eignet sich das Elementetraining optimal um die eigenen Schwächen zu reduzieren und seine Stärken zu festigen. Auch Dinge die man gut kann, sollten öfters mal im Elementetraining trainiert werden. Zum einen bekommt ihr dadurch ein weiterhin verstärktes Körpergefühl für den richtigen Ablauf, und zum anderen stellt man damit sicher das sich nicht schleichend eine unsaubere Ausführung einschleicht.

Abwechslung beim Training

Abwechslung der Übungen beim Techniktraining ist wichtig. Durch Abwechslung fällt es leichter dem Gehirn einen Trainingsreiz zu geben. Unser Körper ist ein Meister der Anpassung. Macht man immer dasselbe, dann gewöhnt sich der Körper daran und stellt sich auf diese konkrete Belastung optimal ein. Der Lerneffekt bzw. eine Weiterentwicklung bleibt dann aus da der Körper nichts mehr dazulernen muss um die Übung zu absolvieren. Daher variiert eure Übungen die ihr im Techniktraining verwendet. Das kann z.B. mit Hilfe von Trainingsspielen erfolgen oder durch die Verwendung von Trainingshilfsmitteln wie einem Theraband anstelle des Bogens. Aber auch schon eine Variation der Entfernung kann zu einem neuen Trainingsreiz führen. Und so ganz nebenbei hebt die Abwechslung auch die Motivation da die Monotonie eines festen Trainingsplans aufgebrochen wird.

Die zeitliche Aufteilung des Techniktrainings

Wenn man das Techniktraining durchführt stellt sich immer die Frage wie viel Zeit ihr für das Bewegungsablauftraining und wie viel Zeit für das Elementetraining genutzt werden soll.

Eine eindeutige Antwort darauf gibt es leider nicht. Die Aufteilung hängt stark von euren Trainingsstand, eurer Erfahrung und Zielen ab. Das Techniktraining sollte ca. 60 bis 70% der gesamten Trainingszeit einnehmen. Die restlichen 30% bis 40% verteilen sich dann auf das Trefferbildtraining und Spezialtrainingsformen wie Wettkampfvorbereitung oder mentales Training.

Wie diese Zeit dann auf das Bewegungsablauftraining und das Elementetraining aufgeteilt wird ist dann eine individuelle Angelegenheit.
Schützen am Anfang ihrer Laufbahn als Bogenschütze werden zuerst den Fokus auf das Bewegungsablauftraining legen. Aber auch andere Schützen die nach einer Pause (z.B. Winterpause, Urlaubspause) wieder in das Training einsteigen werden zuerst den Ablauf als Fokus haben um wieder rein zu kommen. Erfahrenere Schützen denen der Ablauf schon in Fleisch und Blut übergegangen ist, werden den Fokus eher auf das Elementetraining legen um gezielt ihre Schwachstellen innerhalb des Ablaufs zu reduzieren.

Aufwärmübungen und Dehnen

Das Aufwärmtraining ist für Bogenschützen ebenso wichtig wie für alle anderen Sportarten. Nur ein vorbereiteter Körper kann gute Leistung erbringen, ohne dass die Muskeln Schaden nehmen. Die Aufwärmübungen sollen keine körperliche Leistung fordern, sondern den Körper gezielt anregen und aufwärmen. Aus diesem Grunde sind Aufwärmübungen sinnvoll und notwendig. Ein Bogenschütze, der regelmäßig Aufwärmübungen ausführt, wird konstant und über viele Jahre hinweg seinem Sport nachgehen können. Verzichtet der Bogenschütze auf die Aufwärmübungen, dann werden sich ohne Ausgleichssport bald schon Rückenprobleme einstellen. Die Schießleistungen schwanken bei einem nicht aufgewärmten Bogenschützen mehr.

Aufwärmübungen für das Bogenschießen

Der Bogenschütze darf kurz vor dem Training den Puls nicht auf Hochtouren bringen, denn der Schießsport verträgt keinen starken Puls und Unruhe im Körper. Dennoch muss der Kreislauf angeregt werden und der Körper auf die kommenden Anforderungen vorbereitet werden.

Hierfür hat Jens Mellis in seinem Buch „Fitness für den Bogenschützen" folgende Aufwärmübungen vorgeschlagen:

1. **Luft holen**: Tief einatmen und die Handflächen nach oben ausstrecken. Langsam ausatmen und die Arme wieder nach unten strecken. Diesen Vorgang 4-mal ausführen.
2. **Die Arme Kreisen wie Windmühlen:** Die Arme drehen sich zuerst gegenläufig und anschließend in die gleiche Richtung jeweils vor- und rückwärts. Je 5-mal.

3. **Hüfte drehen:** Die Hände in die Hüfte stemmen und das Becken in beide Richtungen je 10-mal kreisen.
4. **Gelenke schmieren:** Mit gefalteten Händen die Arme, die Schulter und die Hände locker in alle möglichen Richtungen drehen. Dann ein Bein nach hinten stellen und mit diesem Knie in beide Richtungen große Kreise drehen. Insgesamt etwa eine halbe Minute.
5. **Kniebeugen:** Um den Puls und den Kreislauf etwas in Schwung zu bringen 10 Kniebeugen durchführen. Dabei darauf achten, dass Bogenschützen mit Kniebeschwerden diese Übung nicht tief durchführen.
6. **Stecken:** Beide Arme über den Kopf, den Körper nach hinten und zu beiden Seiten und tief nach vorne beugen. zwei-, dreimal wiederholen.
7. **Wieder Tief Atmen** wie schon unter 1.

Dehnen (nach dem Sport als Cool Downer)

1. Handgelenke nach innen und außen dehnen, jeweils 10-15 Sekunden.

2. Schultermuskulatur und Rückenmuskulatur dehnen. Dabei einen Arm auf die jeweils andere Schulter legen und mit der Hand entgegen drücken. Jede Seite 10-15 Sekunden dehnen.

3. Trizeps dehnen. Rechte Handfläche auf rechtes Schulterblatt legen und mit der

anderen Hand leicht nach links ziehen. Danach das Gleiche mit der anderen Seite.

Jeweils 10-15 Sekunden dehnen.

4. Kopf zur Seite neigen und mit der gegen überliegenden Hand Richtung Boden drücken. Bei beiden Seiten 10-15 Sekunden dehnen.

Krafttraining

Hilfsmittel: Theraband

1. Schulterbreit hinstellen und den rechten Fuß auf das Theraband positionieren. Rechten Arm locker nach unten hängen lassen und das Theraband anfassen. Nun mit gestreckten Arm das Theraband waagerecht nach oben ziehen. Dort 1-2 Sekunden halten und langsam in die Ausgangsposition zurückgehen. Diese Übungen mit beiden Armen durchführen mit jeweils zwischen 9-12 Wiederholungen.

2. Schulterbreit hinstellen und den linken Fuß auf das Theraband positionieren. Rechten Arm an die linke Hüfte legen und dort das Theraband anfassen. Nun mit gestreckten Arm das Theraband diagonal nach rechts oben ziehen. Dort 1-2 Sekunden halten und langsam in die Ausgangsposition zurückgehen. Diese Übungen mit beiden Armen durchführen mit jeweils zwischen 9-12 Wiederholungen.

3. Etwas mehr als schulterbreit hinstellen und leicht in die Knie gehen. Das Theraband doppelt nehmen und die Arme schulterbreit nach vorne strecken. Das Theraband in

beide Hände nehmen und auseinanderziehen. Dort 1-2 Sekunden halten und langsam in die Ausgangsposition zurückgehen. Auch bei dieser Übung zwischen 9-12 Wiederholungen machen.

4. Schulterbreit hinstellen und den linken Arm einknicken und von der linken Seite auf den Rücken legen. Das Theraband mit der linken Hand anfassen und mit der rechten Hand von oben das Theraband anfassen. Nun den rechten Arm nach oben ziehen, bis der Arm gestreckt ist. Dort 1-2 Sekunden halten und langsam in die Ausgangsposition zurückgehen. Diese Übungen mit beiden Armen durchführen mit jeweils zwischen 9-12 Wiederholungen.

Die Aufwärmübungen sollten ca. 10 min andauern und vor jedem Training und vor jedem Wettkampf durchgeführt werden. Den Aufwärmübungen sollte das Training oder der Wettkampf unmittelbar folgen.

Gleiches gilt auch nach dem Bogenschießen, die gleichen Übungen sorgen für ausreichend Bewegung nach dem Training. Die Muskeln sind von der Belastung des Schießens verspannt und leicht angesäuert. Diese Übungen sorgen für schnellen Abtransport der entstandenen Milchsäure aus dem Muskel und bereiten den Körper so für das nächste Training vor.

Diese Übungen können noch durch eine Vielzahl von Abwandlungen variiert werden.

Spiele und Übungen

Buch auf dem Kopf

Inhalt:

Als Vorübung legt sich der Schütze ein Buch auf seinen Kopf (zunächst ohne Pfeil und Bogen) und versucht das Buch auf seinem Kopf zu balancieren, ohne das es herunterfällt. Als Steigerung kann man dann versuchen im Gehen, das Buch auf dem Kopf zu halten, um die eigene Balance zu schulen und die eigene Körpermitte ausfindig zu machen.

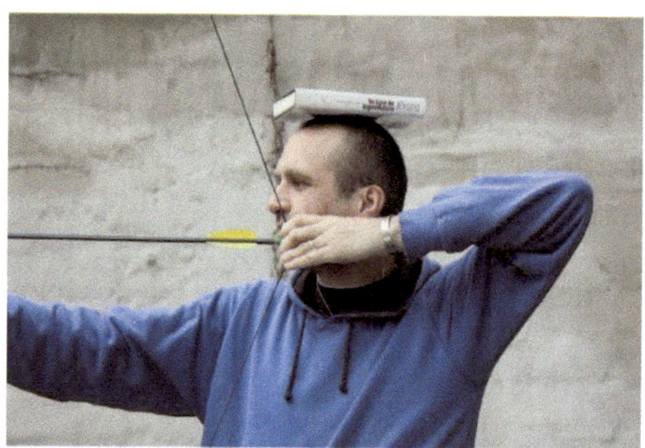

Als letzter Schritt kommen Pfeil und Bogen dazu. Diese Übung trägt dazu bei, den Schussablauf sehr sauber und kontrolliert durchzuführen. Der Kopf wird bewusst gerade gehalten und nicht verdreht. Beim Lösen des Pfeils, darf das Buch nicht vom Kopf fallen.

Teilnehmerzahl: 1

Material: Buch

Wippe

Inhalt:

Diese Übung stellt eine Gleichgewichts- und Konzentrationsübung dar. Der Schütze sollte das Bogenschießen bereits sicher beherrschen. Zum Anfang dieser Übung sollte eine Trockenübung ohne Pfeil und Bogen stattfinden: man versucht sein Gleichgewicht auf der Wippe zu halten, so dass man nicht auf dem Boden aufsetzt. Hat man ein Gefühl dafür bekommen, so versucht man sich im nächsten Schritt mit Pfeil und Bogen. Als weitere Steigerung kann man sich auch zu zweit auf die Wippe stellen. Hier erfordert es eine entsprechende Teamarbeit zwischen den Schützen, um sich abzusprechen, wer das Gleichgewicht herstellt. Steht man alleine auf der Wippe, so zeigt die schmale Seite in Richtung Zielscheibe, steht man zu zweit auf der Wippe, so zeigt die lange Seite in Richtung Zielscheibe. Für die Übung zu zweit kann man versuchen, dass beide Schützen versuchen ihre Pfeile ohne Kommando gleichzeitig zu lösen.

Teilnehmerzahl: 1-2

Material: Wippe

Erlebnispädagogisches und traditionelles Bogenschießen im Schulbereich

Avatar-Griff

Inhalt:

Für Bogenschützen ist es gut, eingefahrene Schießmuster immer mal wieder aufzubrechen und Neues auszuprobieren. Dies gilt für Rechtshandschützen, die ab und zu auf Linkshand umschwenken sollten, um ihren Erfahrungsschatz zu erweitern und beide Gehirn- und Körperhälften zu beanspruchen.

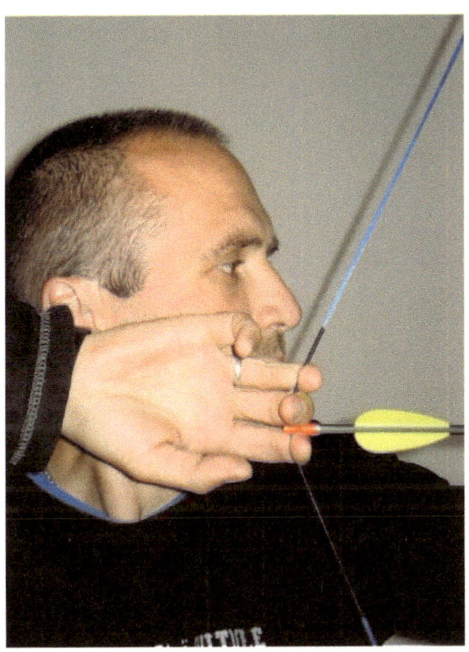

Dies gilt auch für Grifftechniken oder Ankerpunkt. Es ist immer wieder eine Erfahrung wert, von der eingespielten Grifftechnik abzuweichen und sich auf Neues einzulassen. Eine eher spielerische Übung, neben den bekannten Grifftechniken, wie mediterraner Griff, Untergriff, Daumentechnik, usw. ist der sog. „Avatar-Griff" aus besagtem Film. Hierbei behält man den mediterranen Griff bei, dreht aber seine Hand um 180° und legt diese auf die andere Seite der Sehne an. Dies führt zu einem spürbar anderen Kräfteverhältnis, ist aber eine Herausforderung.

Teilnehmerzahl: beliebig

Material: keines

Tic Tac Toe

Inhalt:

Die Zielscheibe wird mit Klebeband in 9 gleichmäßige Felder unterteilt.

2 Schützen treten gegeneinander an. Die beiden Schützen schießen immer abwechselnd einen Pfeil ab und versuchen die Felder abzudecken. Ziel jedes Schützen ist es, mit seinen Pfeilen 3 Felder in der Waagerechten, Senkrechten oder Diagonalen zu besetzen. Damit man sieht, wer welches Feld besetzt hat, sollten die Pfeile, z.B. durch verschiedene Farben der Federn zu unterscheiden sein. Jeder Schütze hat 6 Pfeile zur Verfügung. Versenkt Schütze B einen Pfeil in einem Feld, in dem bereits ein Pfeil des Schützen A steckt, so wird der Pfeil von Schütze B aus dem Spiel genommen. Das Spiel ist zu Ende, wenn ein Schütze 3

Felder entsprechend besetzt hat oder ein Unentschieden entsteht.

Teilnehmerzahl: 2

Material: Klebeband

Bogenkniffel

Inhalt:

Dieses Spiel ist an das Würfelspiel „Kniffel" angelehnt. Es können beliebig viele Schützen teilnehmen. Auf eine Zielscheibe wird eine Auflage befestigt, auf der alle sechs Würfelseiten abgebildet sind.

Jeder Schütze erhält einen Spielzettel, auf dem die erschossenen „Würfelaugen" eingetragen werden. Es wird eine Reihenfolge der Schützen festgelegt. Jeder Schütze darf nacheinander 5 Pfeile schießen und muss nun versuchen mit möglichst hohen Werten seine Felder auf dem Spielzettel auszufüllen.

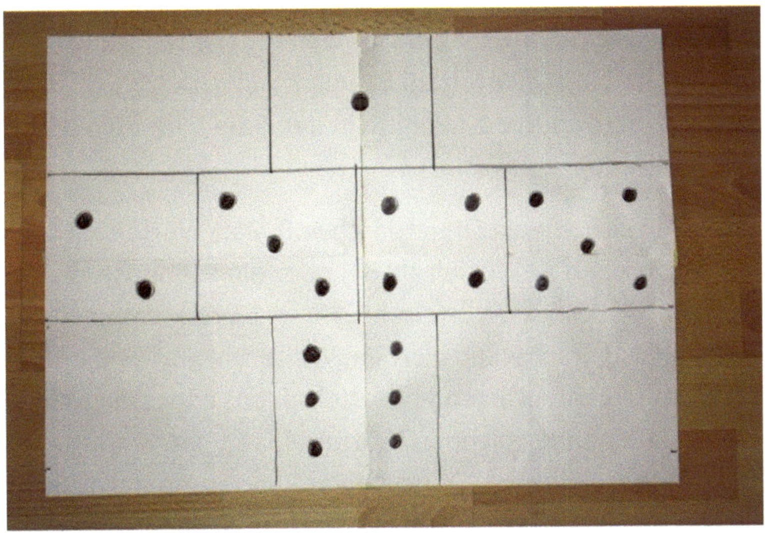

Name: ____________________

		1	2	3	4	5	6	7
1er	nur Einser zählen							
2er	nur Zweier zählen							
3er	nur Dreier zählen							
4er	nur Vierer zählen							
5er	nur Fünfer zählen							
6er	nur Sechser zählen							
Gesamt								
Bonus 63+	35 Punkte							
Gesamt oberer Teil								
Dreierpasch	alle Augen zählen							
Viererpasch	alle Augen zählen							
Full House	25 Punkte							
Kleine Straße	30 Punkte							
Große Straße	40 Punkte							
Kniffel	50 Punkte							
Chance	alle Augen zählen							
Gesamt unterer Teil								
Gesamt oberer Teil								
Endsumme								

Im oberen Teil des Spielzettels können „Einsen", „Zweien", „Dreien", „Vieren", „Fünfen" oder „Sechsen" gesammelt werden. Schießt ein Schütze auf der Zielscheibenauflage z.B. 3 x „Würfelzahl 4", 1 x „Würfelzahl 2" und 1 x „Würfelzahl 5", so könnte sich der Schütze 12 Punkte in der Zeile „Nur die Vieren zählen" eintragen.

Im unteren Teil kann ein Dreierpasch (z.B. 3 x „Würfelzahl 4"), ein Viererpasch (z.B. 4 x "Würfelzahl 5") oder ein Fullhouse (1 Zweierpasch = z.B. 2 x „Würfelzahl 3" und 1 Dreierpasch = z.B. 3 x „Würfelzahl 6") erschossen werden. Weiterhin gibt es die kleine Straße (4 aufeinanderfolgende Würfelzahlen) oder die große Straße (5 aufeinanderfolgende Würfelzahlen), den Kniffel (Fünferpasch) sowie die „Chance" (hier können einmalig alle 5 Werte addiert werden, wenn nichts Anderes eingetragen werden kann. Ein Fehlschuss wird mit 0 Punkten gewertet).

Das Spiel ist beendet, wenn jeder Schütze seine Felder ausgefüllt hat. Alle erschossenen Werte werden addiert, der Schütze mit dem höchsten Wert, gewinnt.

Teilnehmerzahl: mind. 2

Material: Zielscheibenauflage „Würfelaugen", Spielzette

Punktgenau

Inhalt:

Jeder Schütze erhält 6 Pfeile. Nun würfelt jeder Schütze mit 10 Würfeln einen Wert, der danach punktgenau auf eine Zielscheibenauflage mit 6 Pfeilen erschossen werden sollte.

Teilnehmerzahl: 1 – beliebig

Material: Zielscheibenauflage, 10 Würfel

Plus/Minus

Inhalt:

Bei diesem Spiel macht es am meisten Spaß, wenn Teams (z.B. 3 x 3 Schützen) gegeneinander aneinander antreten, es kann aber auch alleine gespielt werden. Jedes Team erhält eine gleiche Anzahl an Pfeilen (z.B. 3 x 3 Pfeile = 9 Pfeile pro Team), dabei gewinnt das Team, welches die meisten Punkte geschossen hat. Den fünf Ringfarben der WA-Zielscheibe werden Punkte folgendermaßen zugeordnet: Ein Treffer in die weißen oder blauen Ringe ergibt +5 Punkte, bei einem Treffer in die schwarzen oder roten Ringe werden 5 Punkte abgezogen.

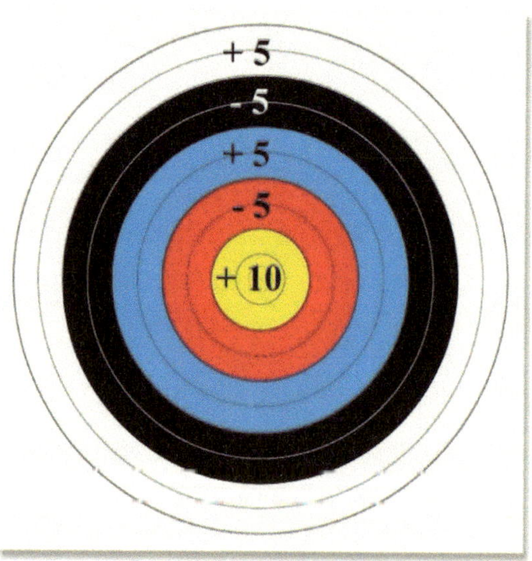

Luftballons schießen

Auf eine Zielscheibe werden Luftballons angebracht, die zerschossen werden sollen.

Als Variante muss jeder Schütze vor dem Schuss sagen, welchen Ballon er treffen möchte.

Teilnehmerzahl: 1 – beliebig

Material: Luftballons

LEGO-Bau

Inhalt:

Beim „LEGO-Bau" geht es darum, ein vorgegebenes Wort, welches aus LEGO-Bausteinen gebaut wurde, genau nach Farbe und Muster nachzubauen: hier das Wort „TOLL".

Es können entweder 2 Schützen oder 2 Teams gegeneinander antreten. Benötigt werden genügend LEGO-Bausteine (2x4-Bausteine) in den Farben der WA-Zielscheibe (weiß, schwarz, blau, rot und gelb). Jedes Team erhält eine leere LEGO-Grundplatte.

Beide Schützen bzw. Teams schießen je einen Schuss im Wechsel. D.h. schießt der erste Schütze aus Team 1 seinen Pfeil in einen blauen Ring, darf er sich einen blauen LEGO-Stein nehmen und ihn nach Vorgabe auf seine Platte setzen.

Nun verfährt der erste Schütze aus Team 2 genauso. So geht es im Wechsel hin und her. Es gewinnt dasjenige Team, welches als erstes das Wort „TOLL" nach Vorgabe gebaut hat bzw. sich alle nötigen Bausteine erschossen hat.

Teilnehmerzahl: mind. 2

Material: WA-Zielscheibenauflage, 3 Grundplatten, je 30 LEGO-Bausteine in den Farben weiß, schwarz, blau, rot und gelb

Strichzeichnung

Genau wie bei dem Spiel „Striptease" treten hier 2 Schützen oder 2 Teams gegeneinander. Es wird zeitgleich je ein Schuss auf die WA-Zielscheibe gemacht.
Wer die bessere Ringzahl trifft, darf sich einen Strich aus der abgebildeten Zeichnung „Traktor" für sein Team auf sein Blatt Papier malen. Dasjenige Team, das zuerst die vorgegebene Zeichnung nachmalen konnte, hat gewonnen.

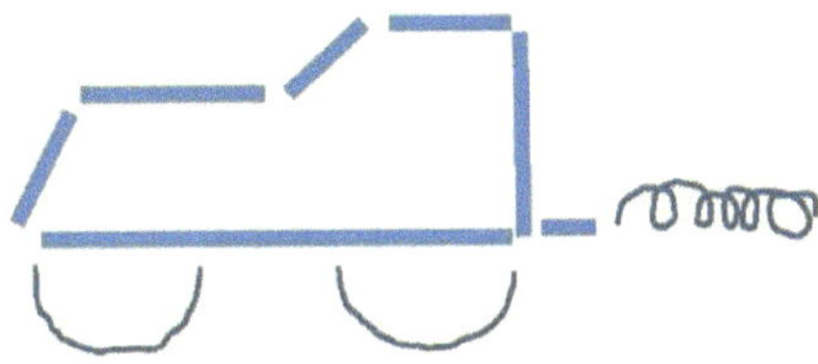

Teilnehmerzahl: mind. 2

Material: Papier und Stift, WA-Zielscheibenauflage

Zahlenpyramide

Inhalt:

Dieses Spiel kann alleine oder auch zu mehreren gespielt werden. Grundlage ist die folgende Abbildung:

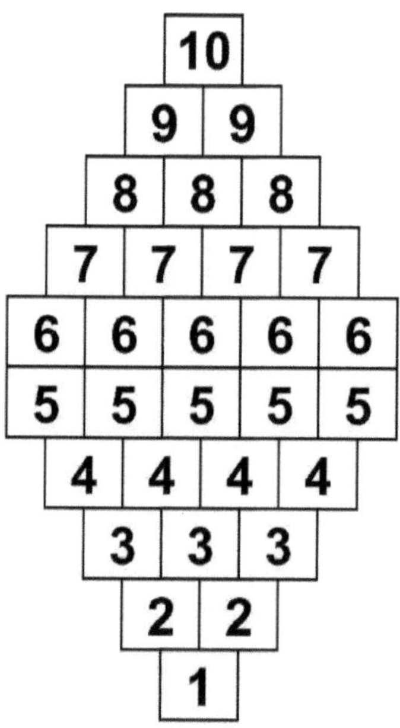

Ziel ist es nach und nach alle vorhandenen Zahlen auf der gezeigten Abbildung durch das Schießen auf eine Zielscheibenauflage wegzustreichen. Sind alle „5"er bereits weggestrichen, sollte also keine 5 mehr geschossen werden.

Teilnehmerzahl: 1 – beliebig

Material: Auflage Zahlenpyramide, WA-Zielscheibenauflage

Glückspilz

Inhalt:

Bei diesem Spiel braucht man Können als auch Glück. Es wird am besten mit mehreren Spielern, bzw. in Teams gespielt. Geschossen wird auf eine gängige WA-Zielscheibenauflage. Der Schütze macht einen Schuss, den erzielten Wert multipliziert er im Anschluss nun mit seiner gewürfelten Augenzahl. Der höchste Wert gewinnt.

Teilnehmerzahl: mind. 2

Material: WA-Zielscheibenauflage, Würfel

Bunt

Inhalt:

Ausgangspunkt dieses Spiels ist ein Würfel mit verschiedenfarbigen Seiten. Mit diesen durch den Würfel vorgegebenen 6 Farben wird eine entsprechende Zielscheibenauflage kreiert.

(Am einfachsten ist dies, wenn man sich farbiges Zeichen- oder Bastelpapier organisiert. 6 DIN A4-Blätter mit verschiedenen Farben, ergeben eine Zielscheibenauflage von 60 x 60 cm).

Es können nun 2 Schützen oder 2 Teams gegeneinander antreten.

D.h. eine Person würfelt mit dem Würfel eine Farbe und der Schütze versucht diese Farbe auf der Zielscheibe zu treffen.

Teilnehmerzahl: mind. 2

Material: Bunte Zielscheibenauflage, Farbwürfel

Bunt II

Inhalt:

Benötigt werden 2 Zielscheiben, auf der einen wird eine Zielscheibenauflage, bestehend aus 6 farbigen Blättern, aufgelegt, auf der anderen werden Luftballons in der gleichen Farbanordnung angebracht (siehe Foto).

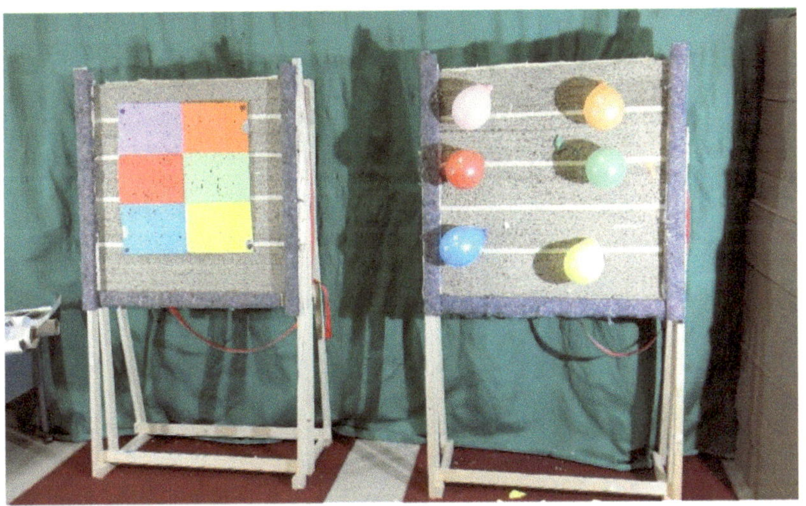

Eine Person würfelt nun mit dem Farbwürfel eine Farbe, ein Schütze versucht auf der linken Scheibe die Farbe zu treffen, der andere Schütze versucht nun den betreffenden Luftballon zum Platzen zu bringen. Pro Treffer können Punkte verteilt werden.

Teilnehmerzahl: mind. 2

Material: Bunte Zielscheibenauflage, Farbwürfel, Luftballons

Bunt III

Inhalt:

Bunte Papierseiten (DIN A5) werden dem Farbwürfel entsprechend zusammenhangslos auf der Zielscheibe verteilt.

Mit dem Farbwürfel wird nun eine Farbe gewürfelt, der Schütze versucht nun die entsprechende Farbe zu treffen.

Teilnehmerzahl: mind. 1

Material: Bunte Papierzettel (DIN A5)

Fünfkampf

Inhalt:

Beim Fünfkampf wird ein Wettbewerb in 5 Disziplinen bestritten. Es können mind. 2 oder mehr Schützen gegeneinander antreten.

Station 1:

Es werden 10 Schüsse auf eine Zielscheibenauflage geschossen. Wertung der Ringzahlen.

Station 2:

5 Tennisbälle sind in einen 5 m entfernten Eimer zu treffen/Pro Tennisball gibt es 3 Punkte

Station 3:

Dosenwerfen auf 10 Dosen mit 3 Tennisbällen. Pro umgeworfene Dose 1 Punkt

Station 4:

Murmeln/Murmelspiel mit Punkten. 5 Murmeln auf 1 m Entfernung.

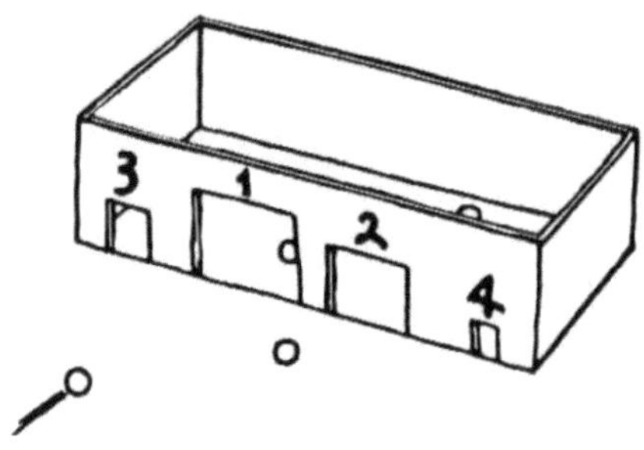

Station 5:

Schere, Stein, Papier

Jeder Teilnehmer kann sich einen Gegner aussuchen. 5 Durchgänge, pro gewonnenes Spiel 2 Punkte.

Das Spiel wird ausschließlich mit den Händen gespielt. Den Handhaltungen werden <u>Symbole</u> zugeordnet, die einander „schlagen" können. Die drei Hauptfiguren sind *Schere, Stein* und *Papier*. Das Papier wird durch eine flache Hand mit ungespreizten Fingern dargestellt, das Symbol der Schere ist der gespreizte Zeige- und Mittelfinger, und der Stein wird durch eine Faust symbolisiert. Die Wertigkeit der Symbole gegeneinander ergibt sich aus dem jeweils Dargestellten: Die Schere schneidet das Papier (Schere gewinnt), das Papier wickelt den Stein ein (Papier gewinnt), und der Stein macht die Schere stumpf (Stein gewinnt). Entscheiden sich beide Spieler für dasselbe Symbol, wird das Spiel als Unentschieden gewertet und wiederholt.

Name	Station 1	Station 2	Station 3	Station 4	Gesamt-Punkte	Platz

Selbstverständlich können je nach vorhandenen Materialien auch andere Disziplinen/Stationen eingebaut werden.

Teilnehmerzahl: Mind. 2

Material: Eimer, Tennisbälle, Dosen, Murmeln

Vier Viertel

Inhalt:

Eine WA-Zielscheibe wird mit Klebeband wie abgebildet in vier Viertel geteilt.

Es können beliebig viele Schützen gegeneinander antreten, es werden 4 Durchgänge mit je 6 Pfeilen pro Schütze geschossen.

Pro Durchgang wird ein Viertel festgelegt, in das geschossen wird; es werden nur diejenigen Pfeile gewertet, die im betreffenden Abschnitt landen.

Nach den vier Durchgängen werden alle Punkte addiert. Der Schütze mit den meisten Punkten gewinnt.

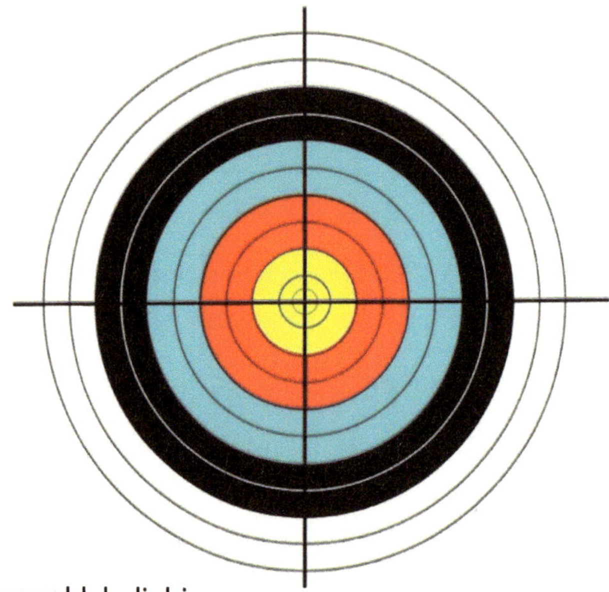

Teilnehmerzahl: beliebig

Material: WA-Zielscheibenauflage, Klebeband

Würfelglück

Inhalt:

Benötigt wird ein Spielewürfel mit 10 Seiten, auf denen die Zahlen 0-9 abgebildet sind (siehe Foto). Der Würfel gibt dabei die Ringzahlen eine WA-Zielscheibe wieder, die „0" auf dem Würfel fungiert dabei als Ringzahl 10.

Bei diesem Spiel können beliebig viele Schützen teilnehmen. Alle Schützen schießen für sich und treten somit gegeneinander an. Im Vorhinein wird die Anzahl der Runden festgelegt (z.B. 10 Runden). Geschossen wird auf eine gängige WA-Auflage. Der Schütze würfelt mit dem Würfel eine Zahl, z.B. eine „7". Nun muss der Schütze mindestens die Ringzahl 7 oder höher schießen. Schafft er dies, darf er sich diese Punkte gutschreiben. Schafft er dies nicht, darf sich der Schütze keine Punkte gutschreiben. Nach 10 Durchgängen, werden alle Punkte summiert. Der Schütze mit den meisten Punkten gewinnt.

Teilnehmerzahl: mind. 2

Material: 10-seitiger Spielwürfel, WA-Zielscheibenauflage

Kartenglück

Inhalt:

Es wird ein Rommée-Kartenspiel sowie eine WA-Zielscheibenauflage benötigt. Es können beliebig viele Schütze teilnehmen. Die Schützen legen eine Reihenfolge fest, in der geschossen wird. Es werden 6 Runden geschossen.

Jeder Schütze zieht sich 5 Karten aus dem Kartenspiel und zählt den Wert zusammen (Bube, Dame, König werden als 10 gewertet, As sind 11 Punkte, Zahlenwert ist gleich Zahlenwert). Ziel ist es nun den gezogenen Wert mit 6 Pfeilen bzw. 6 Schuss auf eine WA-Zielscheibe zu überbieten.

Die Differenz trägt sich der Schütze als Pluspunkte bzw. als Minuspunkte ein:

	1	2	3	4	5	6	Summe
Schütze 1	+9	+5					
Schütze 2	-3	+8					
Schütze 3	+11	-3					

Schütze 1 zieht mit seinen 5 Karten z.B. den Wert 28. Mit seinen 6 Schüssen auf die Zielscheibe erzielt er den Wert 37. So darf er sich für die erste Runde +9 (37-28 Punkte) eintragen.

Schütze 2 hat einen Kartenwert von 37 und mit den Pfeilen 34 Punkte geschossen, so muss er sich -3 Punkte eintragen. Nach 6

Runden werden alle Ergebnisse summiert. Der Schütze mit den meisten Punkten gewinnt.

Teilnehmerzahl: mind. 2

Material: WA-Zielscheibenauflage, Rommée-Kartenspiel

Flaschen drehen

Inhalt:

Beim Flaschendrehen können verschiedenen Varianten gespielt werden. Das Spiel ist für beliebig viele Schützen gedacht.

Es können Farben der WA-Zielscheibe als Kreis ausgelegt werden. Der Schütze dreht die Flasche. Je nachdem, wo die Flasche stehen bleibt, muss der Schütze die entsprechende Farbe auf der Zielscheibe treffen (weiß 1 Punkt, schwarz 2 Punkte, blau 3 Punkte, rot 4 Punkte, gelb 5 Punkte).

Es können auch Zettel mit Aufgaben als Kreis gelegt werden:

Zettel 1: 3 Schuss, mind. 21 Ringe

Zettel 2: 2 Schuss, 1 x blau, 1 x gelb

Zettel 3: 3 Schuss, mind. 1 x 10

Usw.

Teilnehmerzahl: beliebig

Material: Leere Flasche, Aufgaben- oder farbige Zettel

Tier-Parcous mini

Inhalt:

Mehrere Tierauflagen werden auf eine Zielscheibe angebracht. Es können nun mehrere Schützen oder Teams gegeneinander antreten.

Einerseits können für die Auflagen verschiedene Punkte verteilt werden, und die Anzahl der Schüsse kann in mehreren Durchgängen variiert werden.

Teilnehmerzahl: beliebig

Material: Verschiedene Zielscheibenauflagen

Bogen-Boule

Inhalt:

Dieses Spiel ist an das französische Boule-Spiel angelehnt.

Wie die Zielkugel beim Boule, wird ein Pfeil als „Zielpfeil" wahllos auf die Zielscheibe gesetzt. Es können nun mehrere Schützen oder mehrere Teams gegeneinander antreten. Um die Teams zu unterscheiden, sollten die Pfeile durch unterschiedliche Federfarben zu unterscheiden sein.

Im Vorhinein wird eine feste Schussanzahl festgelegt. Treten 2 Schützen gegeneinander an, so hat jeder Schütze 3 Schuss.

Die Teams treten nun wechselseitig gegeneinander an. D.h. zunächst setzt Schütze 1/Team 1 einen Schuss, dann folgt Schütze 2/Teams 2 mit einem Schuss usw.

Ziel ist es nun, seine eigenen Pfeile möglichst dicht an den „Zielpfeil" zu bringen. Wer dies geschafft hat, gewinnt.

Es können mehrere Runden gespielt werden.

Teilnehmerzahl: mind. 2

Material: „Zielpfeil"

Zahlenkreise

Inhalt:

Auf einer selbst gestalteten Auflage werden 8 Kreise in verschiedenen Durchmessern aufgezeichnet und mit Punkten von 1-8 versehen.

Nacheinander versuchen die Schützen mit einer vorher festgelegten Schusszahl (z.B. jeder Schütze hat 6 Schuss) möglichst viele Punkte zu erzielen. Es dürfen mehrere Pfeile in einem Punktekreis landen.

Als Variation kann festgelegt werden, dass max. ein Pfeil in einem Kreis landen darf. Ist bereits ein Zahlenkreis besetzt, darf der Schütze dort nicht noch einmal rein schießen.

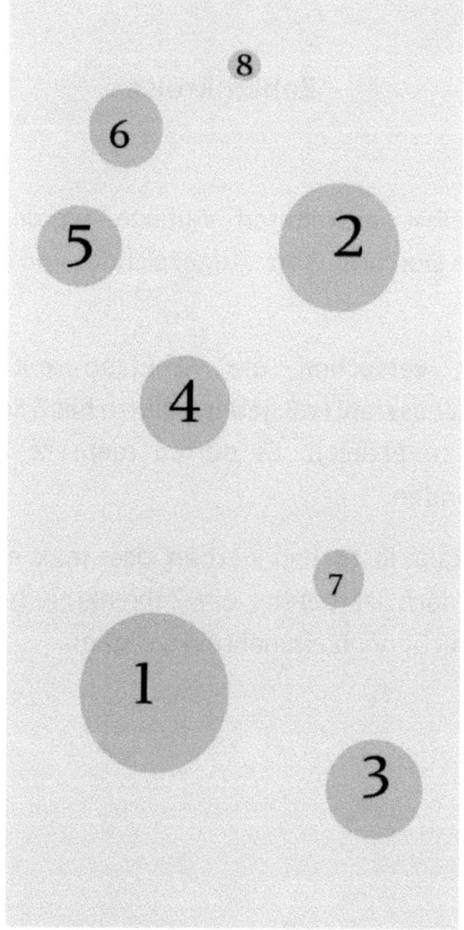

Teilnehmerzahl: mind. 2

Material: Zahlenkreisauflage

In den folgenden Fotos sind unterschiedliche Schusspositionen dargestellt, die geübt werden können. Auf die notwendige Sicherheit muss geachtet werden.

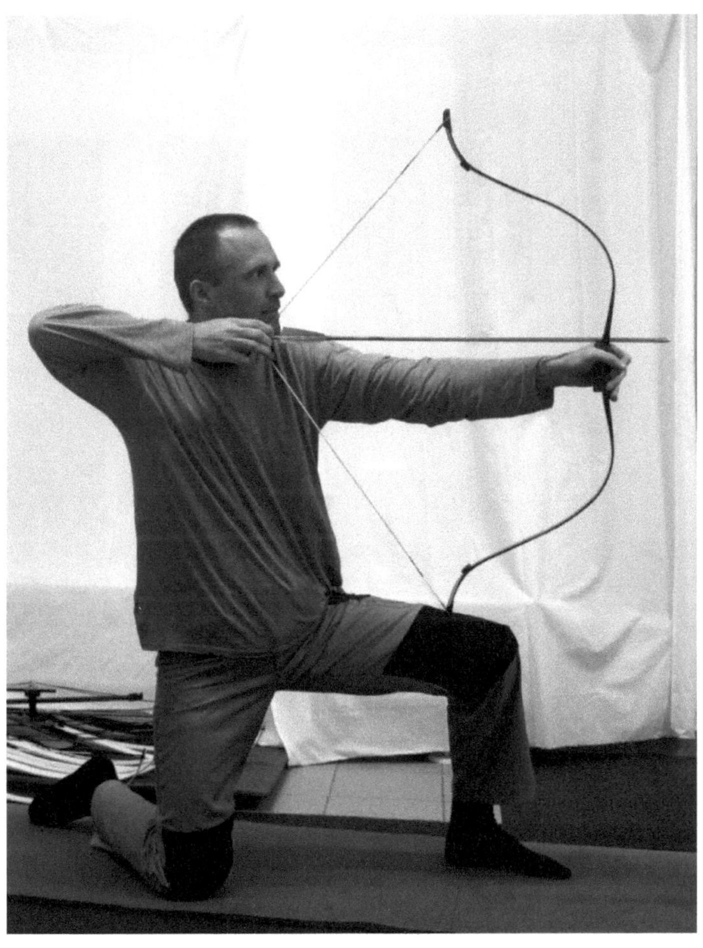

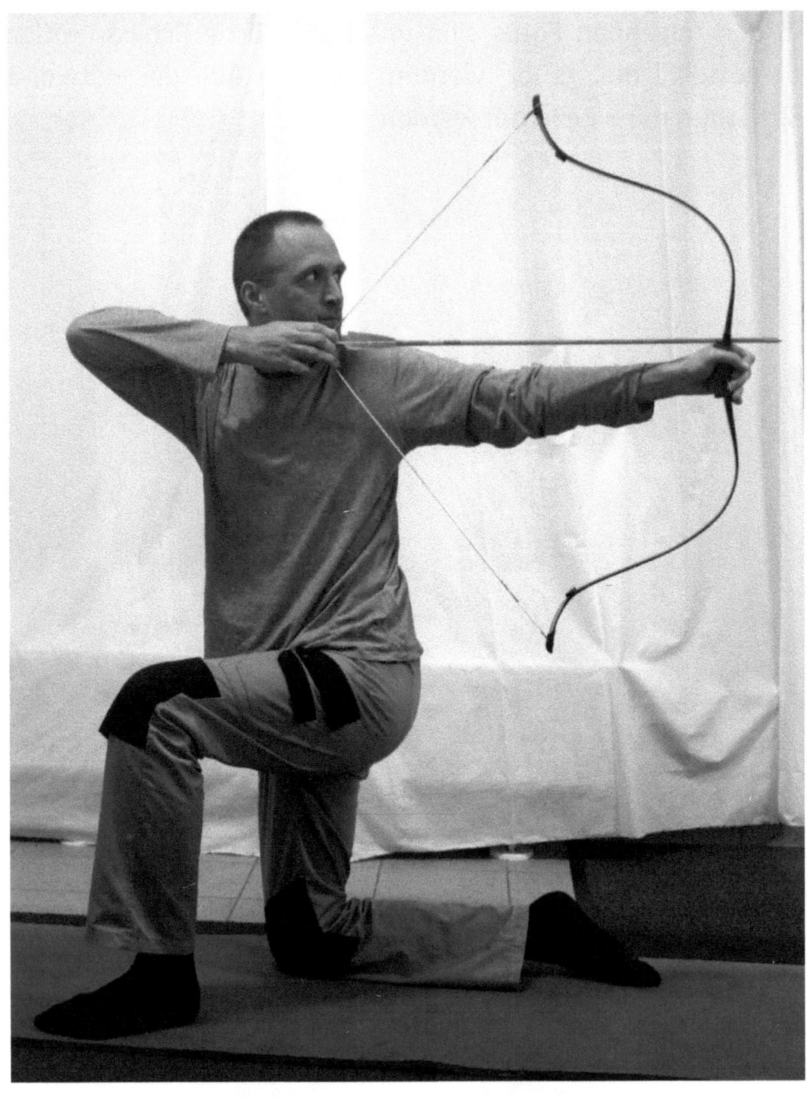

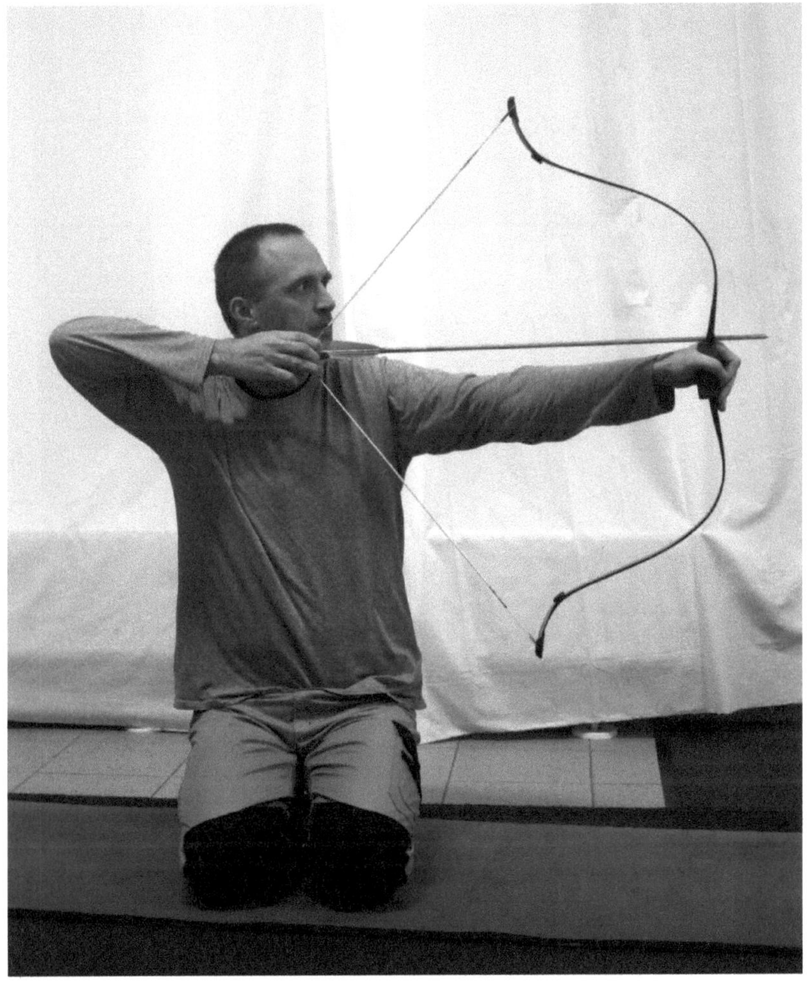

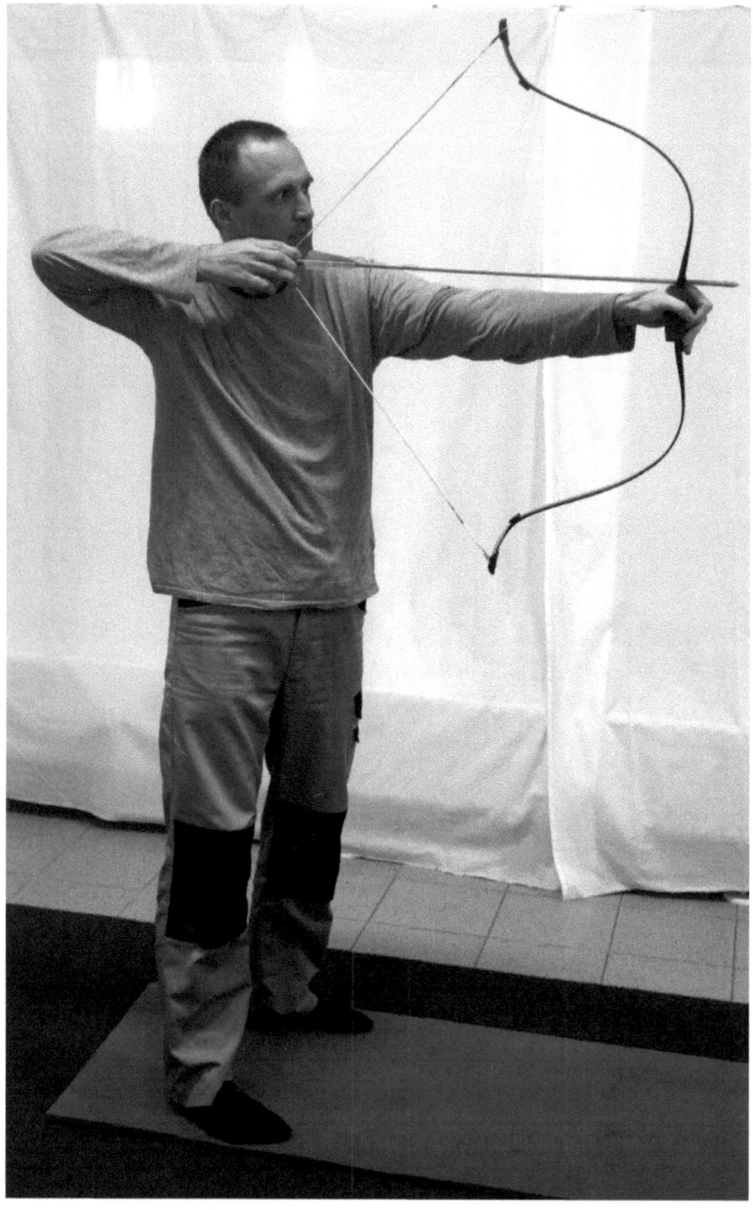

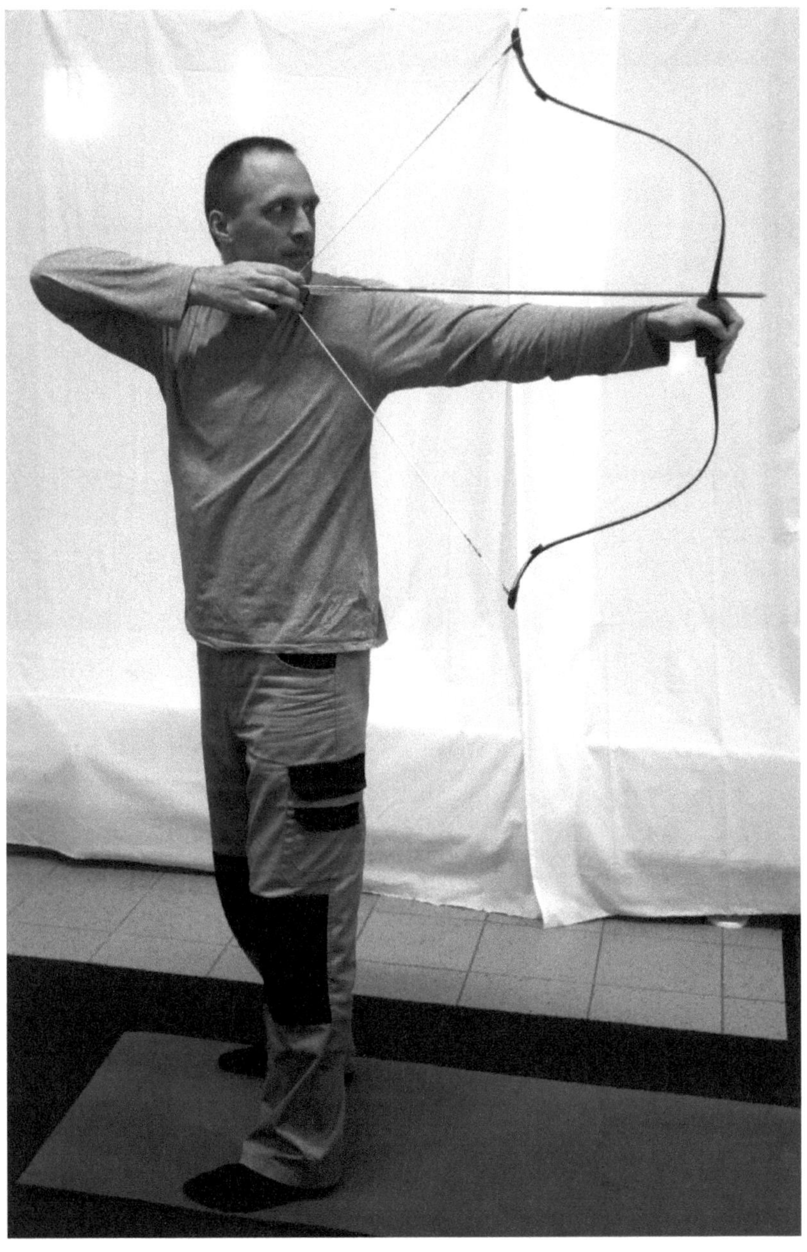

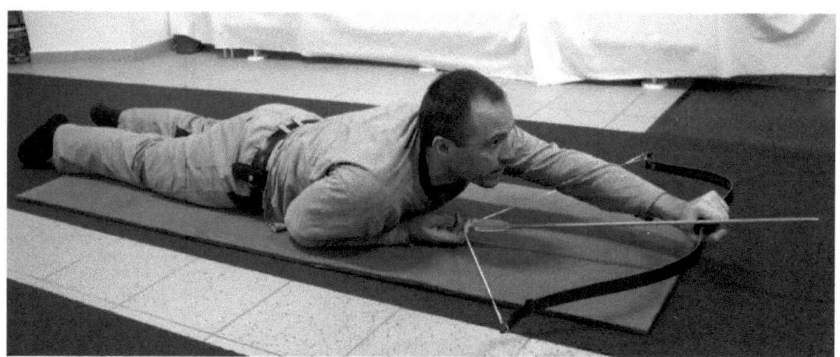

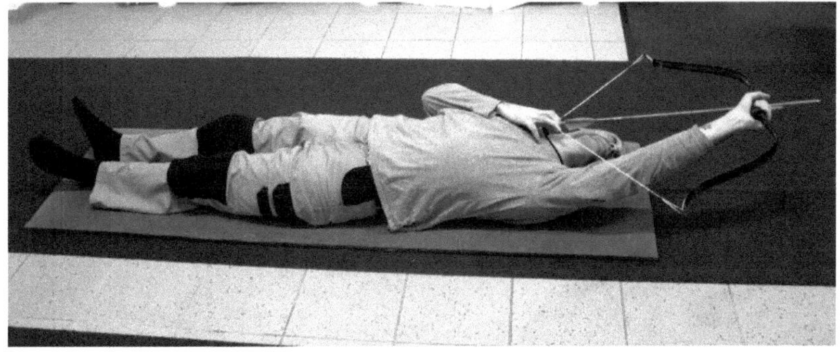

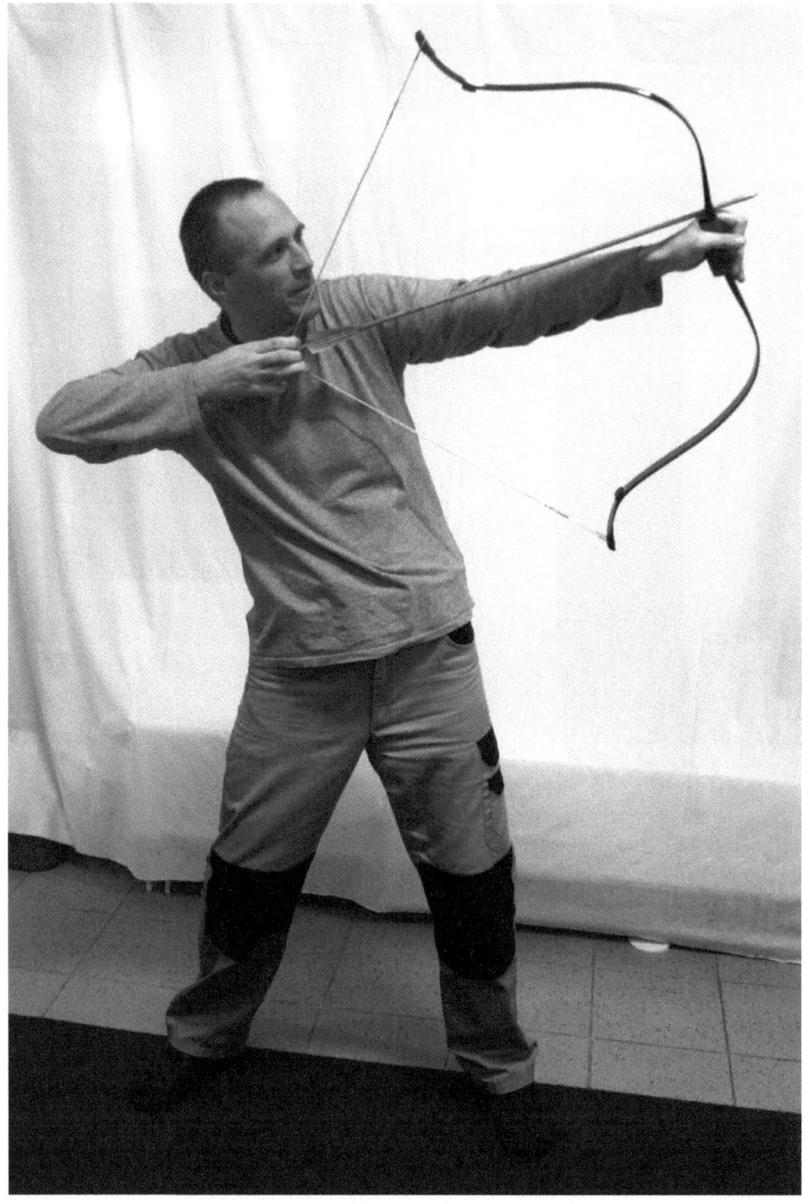

Beispielhafter Ablauf für eine Bogenstunde im Schulbereich

- ✓ Begrüßung und gemeinsamer Aufbau
- ✓ Materialkunde, technische Fragen
- ✓ Warum up, kurze Bewegungsspiele
- ✓ Trockenübung Theraband

- ✓ 2 Runden Einschießen ohne Zielscheibenauflage
- ✓ Teilelementetraining (Rückenspannung ODER Release ODER Bogenhand, etc.)
- ✓ Spielerische Übungen I
- ✓ Spielerische Übungen II

- ✓ Cool Down (Dehnübungen)

- ✓ Gemeinsamer Abbau, Aufräumen

Bogenschießen und die Heldenreise als erlebnispädagogischer Ansatz

In diesem Kapitel soll die Heldenreise näher dargestellt und eine Verknüpfung zum Bogenschießen, auch als Einsatz in der Schule, hergestellt werden.

Das traditionelle Bogenschießen arbeitet oft mit sogenannten 3D-Tieren (Tiernachbildungen aus Hartschaum) oder diversen Tier- oder Monsterpapierauflagen.

Dass Nachbildungen bei diesem Sport eine solche Bedeutung spielen, hat sicher zwei wichtige Gründe: Pfeil und Bogen sind seit vielen tausend Jahren Bestandteil der Menschheit und dienten in seinem Ursprung zur Jagd nach Nahrung. Zum anderen dient heute das Bogenschießen immer noch in einigen Ländern als Jagdwaffe. Das Schießen auf Tiere hat also in seinem Ursprung existenzielle Gründe und fördert in vielen Menschen etwas Ursprüngliches und Puristisches und damit auch etwas Sehnsuchtsvolles zu Tage. Das Bogenschießen fasziniert auch deshalb, weil es historisch tief mit dem Dasein als Mensch verwurzelt ist. Es ist also kein neumodischer Trend.

Grundsätzlich ist es erstrebenswert und bewundernswert, wenn Kinder in der heutigen Zeit einer sportlichen Aktivität nachgehen und sich dadurch fit halten und Ihre Motorik schulen.

Insbesondere bemerkenswert ist dies in der heutigen digitalen Welt, In der vlele KInder berelts In Jungen Jahren eln elgenes Smartphone, Tablet oder eigene PC besitzen und viele Stunden mit Spielen zubringen. Neben reinen „Ballerspielen" sind auch Rollenspiele faszinierend, in denen die Kinder, Jugendlichen sowie

Erwachsene digital in andere Welten abtauchen können, um Abenteuer zu bestehen.

Immer mehr Erwachsene verfallen dem „Live-Action-Role-Play", den Rollenspielen, in denen Sie zum Beispiel am Wochenende in eine andere Rolle schlüpfen und als „Wikinger" die Zeit mit Anderen auf einem Mittelalterfest verbringen.

Besonders in der Jungenarbeit fällt auf, dass diese Zielgruppe Sehnsucht nach „Heldenreisen" hat, in denen der Held oder die Heldin mehrere Phasen durchläuft, um am Ende geläutert und gestärkt hervorzugehen. Dieses Modell ist übrigens auch die Grundlage für viele Hollywood-Blockbuster.

Diese Heldenreisen sind aber viel älteren Ursprungs und finden sich z.B. in den alten griechischen oder römischen Sagen (z.B. Odysseus).

Als ein Grundmuster von Mythologien weltweit hat vor allem der amerikanische Mythenforscher Joseph Campbell (1904–1987) das Motiv der Heldenfahrt erforscht.

Das "Abenteuer des Helden" nach Campbell

Die Stationen einer Heldenreise (nicht alle finden in jeder mythologisch relevanten Story auch statt) stellen sich nach Campbell wie folgt dar:

1. **Der Ruf des Abenteuers (Berufung)**:
   Erfahrung eines Mangels oder plötzliches Erscheinen einer Aufgabe

2. **Weigerung**:
   Der Held zögert, dem Ruf zu folgen, beispielsweise, weil es gilt, Sicherheiten aufzugeben.

3. **Übernatürliche Hilfe**:
   Der Held trifft unerwartet auf einen oder mehrere Mentoren.

4. **Das Überschreiten der ersten Schwelle**:
   Er überwindet sein Zögern und macht sich auf die Reise.

5. **Der Bauch des Walfischs**:
   Die Probleme, die dem Helden gegenübertreten, drohen ihn zu überwältigen-- zum ersten Mal wird ihm das volle Ausmaß der Aufgabe bewusst.

6. **Der Weg der Prüfungen**:
   Auftreten von Problemen, die als Prüfungen interpretiert werden können (Auseinandersetzungen, die sich als Kämpfe gegen die eigenen inneren Widerstände und Illusionen erweisen können).

7. **Die Begegnung mit der Göttin**:
   Dem Helden (oder der Heldin) wird die gegengeschlechtliche Macht offenbar.

8. **Die Frau als Versucherin**:
   Die Alternative zum Weg des Helden kann sich auch als vermeintlich sehr angenehme Zeit an der Seite einer (verführerischen) Frau offenbaren.

9. **Versöhnung mit dem Vater**:

Die Erkenntnis steht dem Helden bevor, dass er Teil einer genealogischen Kette ist. Er trägt das Erbe seiner Vorfahren in sich, bzw. sein Gegner ist in Wahrheit er selbst.

10. **Apotheose**:
In der Verwirklichung der Reise des Helden wird ihm offenbar, dass er göttliches Potenzial in sich trägt (in Märchen oft symbolisiert durch die Erkenntnis, dass er königliches Blut in sich trägt).

11. **Die endgültige Segnung**:
Empfang oder Raub eines Elixiers oder Schatzes, der die Welt des Alltags, aus der der Held aufgebrochen ist, retten könnte. Dieser Schatz kann auch aus einer inneren Erfahrung bestehen, die durch einen äußerlichen Gegenstand symbolisiert wird.

12. **Verweigerung der Rückkehr**:
Der Held zögert in die Welt des Alltags zurückzukehren.

13. **Die magische Flucht**:
Der Held wird durch innere Beweggründe oder äußeren Zwang zur Rückkehr bewegt, die sich in einem magischen Flug oder durch Flucht vor negativen Kräften vollzieht.

14. **Rettung von außen**:
Eine Tat oder ein Gedanke des Helden auf dem Hinweg wird nun zu seiner Rettung auf dem Rückweg. Oftmals handelt es sich um eine empathische Tat einem vermeintlich "niederen Wesen" gegenüber, die sich nun auszahlt.

15. **Rückkehr über die Schwelle**:
Der Held überschreitet die Schwelle zur Alltagswelt, aus der er ursprünglich aufgebrochen war. Er trifft auf Unglauben oder Unverständnis, und muss das auf der Heldenreise Gefundene oder Errungene in das Alltagsleben integrieren.

16. **Herr der zwei Welten**:
Der Held vereint Alltagsleben mit seinem neugefundenen Wissen und damit die Welt seines Inneren mit den äußeren Anforderungen.

17. **Freiheit zum Leben**:
Das Elixier des Helden hat die "normale Welt" verändert; indem er sie an seinen Erfahrungen teilhaben lässt, hat er sie zu einer neuen Freiheit des Lebens geführt.

(aus Wikipedia:
https://de.wikipedia.org/wiki/Heldenreise)

Diese schematische skizzierte Heldenreise fasziniert insbesondere Jungen (aber auch Mädchen) und führt dazu, dass sich dieses „Modell" sowohl in alten Sagen und Mythen, aber auch modernen digitalen Spielen wiederfindet.
In der heutigen Zeit versucht die Erlebnispädagogik dieser Heldenreise Rechnung zu tragen, indem sie Ferienfreizeiten anbietet, in denen sich die Kinder auf das Abenteuer einlassen können (z.B. Parzival).

Um auf das Bogenschießen zurückzukommen, spiegelt sich das Bedürfnis in Rollen zu schlüpfen und dem menschlichen Ursprung nahe zu sein, insbesondere beim Umgang mit LARP-Pfeilen (Pfeile mit Schaumstoff-Gummikopf) wieder. Hier besteht die Option sogar gegeneinander mit Pfeil und Bogen anzutreten. Dies muss natürlich geübt werden und unterliegt festgelegten Regeln beim Umgang mit diesen speziellen Pfeilen.

Bogenschießen und Heldenreise vereint die Tatsache, dass der Mensch beides historisch in sich trägt, also etwas Ursprüngliches besitzt. Je mehr die digitale Welt in einer immer schneller werdenden Zeit zunimmt, sehnen sich die Menschen nach wahren real stattfindenden Abenteuern, nach einer Auszeit, nach Entschleunigung. Dies findet sich z.B. beim Bogenschießen und insbesondere beim Bogenschießen auf ein Drachenmotiv wieder. Kinder und Jugendliche haben hier die Möglichkeit für einen kurzen Moment Ihrer Abenteuerlust nachzugehen und nachzugeben. Sie freuen sich den Drachen erlegt zu haben und Ihr Abenteuer als Held erfolgreich bestanden zu haben.

Im Gegensatz zur digitalen Spielwelt, sind hier die eigenen Fähigkeiten und das eigene Können gefragt. Es werden nicht innerhalb von wenigen Sekunden –zig Menschen mit Maschinenpistolen über den Haufen geballert, sondern die Kinder begeben sich für einen kurzen Moment auf Ihre kleine persönliche Heldenreise, bei der sie auf sich angewiesen sind und welche ihr eigenes Selbstbewusstsein fördert.

In diesem Sinne kann das Bogenschießen in verantwortungsvollem Umgang sowohl bei Kindern aber auch Erwachsenen positive AHA-Effekte auslösen, dies sich immer wieder auch in meinen Kursen zeigen. Nicht umsonst erlebte das Bogenschießen seit einigen Jahren einen Anstieg der Interessierten.

Daher sollten auch neben dem reinen Wettkampfschießen die spielerischen Anteile des Bogenschießens, wie das Schießen auf Fantasymotive seinen Platz haben. Kleinen und großen Abenteurern und Helden wird dies Gefallen finden.

Die verschiedenen Stationen einer Heldenreise

Unterwegs als Heldin: die Bogenschützin

Auch in vielen Onlinespielen spielt die Heldenreise eine Rolle

Der klassische Rächertyp im Kampf für die Armen: Robin Hood

Zielscheibenauflage der Firma STRONGHOLD: ein Drachenmotiv

Beispielhafter Ablauf für eine Mini-Heldenreise

„Cryptex" – der geheimnisvolle Schatz

Ausgangslange bildet das sogenannte Cryptex, eine Rolle, die nur mittels einen Zahlen- oder Buchstabenkombination geöffnet werden kann und zum Beispiel einen Schlüssel, eine Schatzkarte etc. frei gibt.

- ✓ Die Schüler überlegen sich einen spannenden Gruppennamen und malen sich ein „Clanwappen"

- ✓ Kurzes Aufwärmen und Einschießen

- ✓ Der Spielleiter (Lehrer) führt in die Geschichte ein:

„Auf einer meiner zahlreichen Reisen durch die Wüsten dieser Erde bin ich auf eine geheimnisvolle Rolle gestoßen, die einen Schlüssel zu einer weiteren Schatztruhe beinhaltet. Um den Schatz zu bergen, benötigen wir den Schlüssel. Das Cryptex kann allerdings nur von Euch, durch Kinderhände entschlüsselt werden. Ihr müsst nun verschiedene Prüfungen bestehen, nach jeder bestandenen Prüfung wird sich Euch eine Zahl/ein Buchstabe zeigen. Dies/n merkt ihr Euch, bis ihr alle Zahlen habt und die Rolle öffnen könnt".

✓ Entsprechende Übungen/Spiele (ab Seite 51)
Für jede bestandene Prüfung erhält die Gruppe eine weitere Zahl vom Spielleiter genannt. Je nach Gruppengröße bzw. Klassenstärke kann jede Kleingruppe eine Aufgabe lösen.
(z.B. Übung „Zahlenkreise": eine Kleingruppe muss eine bestimmte Punktezahl beim Bogenschießen auf die Zahlenkreise erreichen.)

✓ Am Ende werden alle gesammelten Zahlen der Reihe nach am Cryptex eingestellt und es wird geöffnet. Das Cryptex gibt einen Schlüssel zu einer kleinen Truhe mit Vorhängeschloss frei. Das Schloss bzw. die Truhe kann nun geöffnet werden und es warten z.B. ein paar Süßigkeiten.

Eine solche Heldenreise kann auch über mehrere Tage im Rahmen einer Projektwoche angelegt werden.

Notizen: